나이 든 반려견을
돌보는 중입니다

나이 든 반려견을
돌보는 중입니다

초판 1쇄 발행 2018년 6월 10일
초판 2쇄 발행 2021년 6월 5일

지은이 권혁필
펴낸이 이지은　　　**펴낸곳** 팜파스　　　**기획·편집** 이은규
일러스트 영수　　　**디자인** 박진희　　　**마케팅** 김민경, 김서희

출판등록 2002년 12월 30일 제10-2536호
주소 서울시 마포구 어울마당로5길 18 팜파스빌딩 2층
대표전화 02-335-3681　　　**팩스** 02-335-3743
홈페이지 www.pampasbook.com | blog.naver.com/pampasbook
이메일 pampas@pampasbook.com

값 12,000원
ISBN 979-11-7026-204-6 (13490)

ⓒ 2018, 권혁필

- 이 책의 일부 내용을 인용하거나 발췌하려면 반드시 저작권자의 동의를 얻어야 합니다.
- 잘못된 책은 바꿔 드립니다.

> 이 도서의 국립중앙도서관 출판예정도서목록(CIP)은 서지정보유통지원시스템 홈페이지
> (http://seoji.nl.go.kr)와 국가자료공동목록시스템(http://www.nl.go.kr/kolisnet)에서
> 이용하실 수 있습니다.(CIP제어번호: CIP2018015696)

나이 든 반려견을
돌보는 중입니다

권혁필 지음

노견 케어법과 남겨진 이들을 위한 위로법

팜파스

PROLOGUE

2017년 7월 18일 오후 5시 44분이었습니다. 그날은 태어난 지 이제 막 30일 된 딸아이의 예방 접종을 하는 날이었습니다. 병원에서 돌아와 집 앞에 도착하여 차에서 내릴 무렵 전화벨이 울렸습니다. 어머니였습니다.

"네, 저예요."

"혁필아, 저기… 초코가 죽었어."

"네? 초코가 죽어요? 왜요? 어떻게요?"

"몰라. 초코가 숨을 안 쉬네……."

짧은 대화였지만 어머니께서 많이 당황하고 있다는 것을 충분히 느낄 수 있었습니다.

그날 밤, 저는 서울에서 충청남도 청양까지 차를 몰아 달렸습니다. 초코가 있는 곳으로 말입니다. 차로 두 시간 남짓 걸리는 거리인데 평소보다 더 길게 느껴졌습니다. 운전하는 내내 초코가 우리 집에 처음 온 날부터 함께 했던 추억들이 떠올라 계속 눈물이 흘렀습니다.

가끔 부모님 댁에 들를 때면 초코의 모습이 안쓰럽게 느껴지긴 했습니다. 예전보다 눈에 띄게 늙어 보였기 때문입니다. 그래도 저만 보면 마당을 뛰어나와 반기는 초코의 모습을 보며 '앞으로 5년은 더 살겠지.'라며 안심했습니다. 그런 기대를 한 제가 원망스러웠습니다.

'이따가 초코를 볼 때 눈물이 왈칵 쏟아지면 어쩌지? 부모님이 더 슬퍼하실 텐데, 부모님 앞에서는 울지 말아야지.' 부모님 댁에 도착해서 초코를 마주했을 때, 어떻게 해야 할지, 무슨 말을 해야 할지, 머릿속이 너무 복잡했습니다.

"초코는 어디 있어요?"

제 눈앞에 있는 초코는 더는 움직이지 않았습니다. 몸은 차갑게 식어 있었고 다리는 딱딱하게 굳어 있었습니다. 부모님에게 초코가 왜 죽었는지 물어보는 것은 의미가 없었습니다. 저는 많은 말을 하지 않았습니다. 그냥, 초코의 몸을 만지고 바라보는 게 전부였습니다. 울음을 참고서 담담하게 반려견의 죽음을 받아들이는 것 외에는 제가 할 수 있는 것이 없었습니다.

우리와 함께 12년을 살았던 반려견 초코. 제가 어른이 되고, 아이를 낳아 아빠가 되는 동안 초코는 변함없이 우리 집의 반려견으로 있어 주었습니다. 저를 보면 늘 뛰어나와서 반겨주던 모습이 눈에 선합니다.

그러나 제가 변하는 만큼 초코도 변하고 있다는 사실에는 무심했습니다. 초코는 나이가 들어 찾아온 백내장으로 인해 한쪽 눈의 시력을 거의 잃었고, 조금만 뛰어도 호흡이 가빴습니다. 하루하루가 지날수록 점점 더 몸이 노쇠해져 힘들었을 텐데, 앞이 보이지 않아서 불안했을 텐데, 그래도 저를 반기던 초코를 생각하면 너무 부끄럽습니다.

반려견과 함께 사는 사람에게 이별의 시간은 반드시 찾아오기 마련입니다. 그러나 우리는 반려견의 죽음에 대해 어떠한 준비도 없이 살고 있습니다. 먼 미래의 일이라고, 당장은 나의 반려견에게 해당하지 않는 일이라고 생각하기 때문입니다.

『나이 든 반려견을 돌보는 중입니다』를 쓰게 된 이유가 있습니다. 반려견과 함께 생활하고 있는 사람들을 위한 교육, 양육 지침서는 많지만 정작 반려견과의 이별의 순간을 준비하고, 이별을 겪고, 그로 인해 힘들어하는 사람들에게 도움이 되는 책은 많지 않기 때문입니다. 언젠가는 반드시 찾아오는 반려견과의 이별의 순간을 잘 준비하고 맞이할 수 있도록, 이 책이 당신에게 조금이나마 도움을 줄 수 있기를 바랍니다.

 CONTENTS

PROLOGUE · 4

PART 1

개와 인간이 함께하는 삶

인간이 선택한 첫 번째 동물 • 12
도시에서 살기 위한 본능 관리 • 22
반려견의 권리 = 보호자의 의무 • 33
반려견의 시간은 다르게 흐른다 • 39

ESSAY #1 만남_ 나와 함께 사는 것이 행복하니? • 45

PART 2

노령 반려견과의 소통 & 교육

반려견 말고, 보호자가 '기다려!' • 58
무관심 속에서 오해받는 노령 반려견 • 64
이유 있는 배변 실수 • 70
다견 가정에서 노령 반려견의 우선순위는? • 78
늙어서도 재밌게 노는 법 • 87

ESSAY #2 설렘_ 우리 여기서 같이 사진 찍자! • 96

PART 3

노령 반려견을 위한 생활 & 건강 관리법

저단백, 저지방, 고칼슘 • 104
정신 건강을 위한 산책법 • 113
노령 반려견에게도 '잠이 보약' • 119
고칠 수 없는 이상행동을 대하는 법 • 126
때론 예절보다 본능 존중하기 • 134

ESSAY #3 이별_ 우리 가족이어서 너무나 고마웠어! • 141

PART 4

반려견의 죽음을 준비하는 방법

오늘만큼은 함께 보내는 밤 • 148
'안락사'를 이야기하기 • 155
반려견과의 마지막 시간, 장례 절차 • 168
생각하면 울컥 눈물이… 펫로스 증후군 • 177
그리움을 새 반려견으로 잊으려 한다면 • 186

ESSAY #4 그리움_ 잘 지내고 있니? • 194

PART 1

개와 인간이 함께하는 삶

인간이
선택한
첫 번째 동물

반려동물 인구 1천만 명 시대. 이제 우리 주변에서 반려동물과 함께 살아가는 사람들을 쉽게 만날 수 있습니다. 가까운 공원에만 나가도 보호자와 함께 한가로이 산책을 나온 반려견들을 볼 수 있습니다. 몰티즈, 푸들, 요크서테리어, 시추, 포메라니안, 코커스패니엘, 비숑프리제, 치와와, 비글, 이탈리안 그레이하운드 등 반려견의 종(種)도 다양합니다. 신기하지 않나요? 이렇게 다양한 외모와 개성을 지닌 견종들이 너무나도 많다는 사실 말입니다. 세계적으로 공인된 견종만 해도 350종이 넘는다니, 우리는 정말 다양한 외모와 개성을 지닌 개들과 함께 살아가고 있습니다.

우리가 그들을
우리 곁으로 데려왔습니다

인간이 개와 유대관계를 형성하기 시작한 것은 지금으로부터 약 1만~1만 5천 년 전부터입니다. 개는 인간에 의하여 가축화된 첫 번째 동물이라고 합니다. 염소나 소, 돼지, 양 같은 동물이 아니라 개가 처음으로 가축화된 동물이라니, 다소 의아하지요?

  동물고고학의 연구에 따르면, 인간이 최초로 기른 동물은 바로 개입니다. 이때의 개는 농경인의 가축이 아니라 수렵채

취 생활을 하던 사람들의 가축이었습니다. 수렵채취 생활을 영위하던 인류에게 개는 야생동물의 접근을 알려주는 귀중한 존재였을 것입니다. 그리고 사냥을 할 때도 큰 도움을 주었을 것입니다. 인간에 의해서 가축화된 초기의 개는 그들이 가진 능력, 즉 인간보다 월등히 뛰어난 후각이나 청각 등으로 인간을 지켜주고, 돕는 역할을 하면서 사람들의 곁을 지켰습니다.

개의 조상은 지금도 연구 중이지만, 몽골과 네팔 지역을 포함한 중앙아시아 지역의 야생 늑대일 가능성이 가장 유력합니다. 미국 코넬대학교의 로라 섀넌(Laura Shannon), 애덤 보이코(Adam Boyco) 박사 연구팀은 161개 품종의 개 4,676마리와 전 세계 38개국의 떠돌이 개 549마리의 Y염색체와 미토콘드리아 등 무려 18만 5,800건이 넘는 DNA 데이터를 분석했습니다. 그 결과 몽골과 네팔의 개는 다른 지역의 개에서 발견된 대부분의 DNA 형태를 포함하고 있었습니다. 이 지역에서 살던 개가 전 세계로 퍼졌을 가능성이 큰 것이지요.

최초로 인간과 함께 살기 시작한 때부터 개들은 주로 가축을 지키고 물자를 나르는 등 사람의 일을 돕는 사역견(Working

Dog)에 가까웠습니다. 개의 삶에 변화가 일어난 것은 인간의 삶에도 변화를 준 산업혁명 때문이었습니다.

18세기 중반에서 19세기 초반에 이르기까지 영국에서 시작된 산업혁명으로 인해 사회, 경제적으로 큰 변화가 일어났습니다. 인간 사회는 점점 복잡해지고 전 세계적으로 근대화가 시작되었습니다. 사람들의 욕구도 점점 커지고 변화하면서 개에게도 다른 역할을 요구했습니다. 사냥할 때는 개의 후각과 청각, 수렵 본능을 활용했고 뛰어난 후각을 통해서 위험물을 탐지하거나, 땅속에 있는 송로버섯을 함께 찾는 등 여러 방면으로 개를 활용했습니다.

산업혁명 이후 전문 브리더(Breeder)라고 불리는 번식업자들은 개를 집안 가까이에 두고 키우길 원하는 사람들의 요구에 따라 점점 작은 품종의 개들을 만들었습니다. 그 결과 오늘날 몰티즈, 요크셔테리어, 포메라니안, 토이푸들, 파피용 등 수많은 강아지가 사람들과 함께 집안에서 살아가고 있습니다.

또한 이종(異種)간의 교배를 통해 수많은 견종이 생기다 보니 견종을 그룹별로 나누어 구분하기 시작했습니다. 사역견 그룹, 목양(축)견 그룹, 하운드(Hound) 그룹, 테리어(Terrier) 그룹, 조렵견(Gun Dog) 그룹, 토이(Toy) 그룹, 유틸리티(Utility) 그룹 등으로 나눌 수 있습니다.

: 사역견 그룹 :

세인트 버나드, 그레이트 데인, 알래스칸 맬러뮤트, 로트바일러 등이 사역견 그룹에 속합니다. 이들은 사람을 도와서 일을 해야 했기 때문에 체구가 크고 힘이 셉니다. 또한 충직하고 용맹한 성향을 지니고 있습니다.

: 목양(축)견 그룹 :

목양견 그룹은 사람들이 소·양·염소·순록 등의 가축을 기르는 데 크게 도움을 주던 개들입니다. 실외에서 주로 생활을 해야 했기 때문에 이중 모(毛)인 개들이 많습니다. 민첩함과 영민함을 두루 갖춘 그룹입니다.

: 하운드 그룹 :

하운드 그룹은 뛰어난 후각 또는 시각 능력을 바탕으로 사람들이 사냥할 때 도움을 주었습니다. 비글, 바셋하운드, 그레이하운드, 보르조이 등 에너지가 넘치는 개들이 주로 이 그룹에 속해 있습니다.

: 테리어 그룹 :

테리어 그룹은 주로 땅속에 숨어있는 작은 동물을 사냥하기 위해 개량되었습니다. 대부분 다리가 짧고 주둥이가 길며, 털이 거칩니다. 호전적 기질을 가진 개들이 많기 때문에 타 그룹보다 많이 짖고, 활동량이 많으므로 주기적인 운동이 꼭 필요합니다.

: 조렵견 그룹 :

조렵견 그룹은 리트리버, 세터, 포인터, 스패니얼 등이 있는데, 주로 조류를 사냥할 때 도움을 주던 개들입니다. 조렵견 그룹의 개들은 사람과 함께 협력하여 일을 수행하기 때문에 타 그룹의 개들보다 협동심이 강한 편입니다.

: 토이 그룹 :

주로 실내에서 키우기 좋은 소형견 그룹으로, 몰티즈, 비숑프리제처럼 털이 잘 빠지지 않는 견종도 있습니다. 이 외에도 포메라니안, 파피용, 이탈리안 그레이하운드, 요크셔테리어 등도 토이 그룹의 대표적인 개들입니다.

: 유틸리티 그룹 :

유틸리티 그룹은 '어떠한 목적에 적절한'이란 뜻을 지니고 있는 그룹으로서, 사람들에 의해 선택적으로 개량된 견종 그룹입니다. 불도그, 보스턴테리어, 차우차우, 샤페이, 달마티안 등 이종 교배로 생겨난 견종들이 많이 있습니다.

개를 비롯해 함께 사는 동물을 반려동물, 즉 평생을 함께할 짝이자 파트너로 부르고 있지만, 불과 몇 년 전만 해도 다른 이름으로 불렀습니다. 바로 애완동물(pet), 애완견입니다. 애완(愛玩)은 '가까이 두고 귀여워하거나 즐기는 것'으로, 불리는 대상을 주로 물건으로 취급하는 경향이 높습니다. 그러나 동물은 물건이 아니므로 애완동물이라는 용어에 문제가 제기되었습니다. 구체적으로는 1983년 오스트리아 빈에서 열린 '인간과 애완동물의 관계'를 주제로 한 국제심포지엄에서 처음으로 '반려동물'(Companion Animal)이라는 용어가 등장했습니다. 동물이 인간에게 주는 이로운 점들이 너무나 많기도 하고, 인간 삶의 동반자적 위치에서 살아가는 동물을 '애완'이 아닌 '반려'의 관점에서 바라보고 대우하자는 의미에서 '반려동물'이라고 부르기 시작했습니다.

반려동물 중 가장 대표적인 동물인 개. 지금 우리 곁에 있는 토리, 쫑이, 햇님이 등은 이러한 역사를 거쳐 우리의 곁에 왔습니다. 사실 그들이 우리의 곁에 온 것이 아니라 우리가 그들을 우리의 곁으로 데려온 것이나 다름없습니다.

인간과 동물의 유대관계를 영어로 H. A. B(Human Animal Bond)라고 합니다. 인간의 역사는 동물의 역사와 함께 이어져 왔고 현재도 앞으로도 그럴 것입니다. 반려견도 그 역사 속에서 함께 해왔고 앞으로도 많은 사람의 삶 속에서 함께 살아갈 것입니다.

도시에서
살기 위한
본능 관리

다양한 견종이 도심 속에서 사람들과 함께 살아가게 된 것은 불과 200여 년 정도입니다. 반면 국제적으로 공인된 견종은 350종이 넘을 정도로 매우 다양합니다. 이 많은 종이 우리의 일상 가까이에 있습니다. 가까운 공원에만 나가보더라도 주인과 함께 산책을 나온 반려견을 쉽게 볼 수 있습니다. 푸들, 몰티즈, 시추, 요크셔테리어, 포메라니안, 코커스패니얼, 비숑프리제, 화이트 테리어, 리트리버, 웰시 코기, 시베리언 허스키, 미니어처 핀셔, 진돗개 등 모양도, 크기도 다른 견종들을 마주치곤 합니다.

앞서 살펴보았듯 산업혁명 이후, 견종의 종류가 다양해지기 시작했습니다. 사람들의 욕구에 따라 다양한 역할을 충족할 많은 개가 필요했습니다. 17세기 유럽에서 목축업이 성행했을 때는 가축을 지키고, 사육하는 데 도움을 주는 목양견과 목축견이, 사냥이 유행일 때는 조렵견이 인간 생활에 깊숙이 자리 잡았습니다.

오늘날은 어떨까요? 도시가 발달하면서 사람들은 벽돌로 지어진 한 건물 안에서 여럿이 함께 살게 되었습니다. 각박한 세상 속에서 사람들은 개를 점점 작게 개량하여 가까이 두고 키우길 원했습니다. 작고 앙증맞은 외모의 개들에 대한 수요가 늘어났습니다. 번식업자들은 그 수요를 맞추기 위해 무분별한 교배와 번식을 자행했습니다.

그 결과 오늘날 특정한 견종들은 유전적 결함을 지니고 태어나기도 합니다. 이 유전적 결함은 반려견을 키우면 반드시 짊어져야 할 큰 부담입니다. 막대한 수술비와 치료비를 요구하기 때문입니다. 이를 감당하지 못한 일부 사람들은 지인에게 반려견을 입양 보내거나 심지어는 길가에 유기하기도 합니다. 사랑받던 반려견에서 한순간에 길거리의 유기견이 된 그들은 도심 속을 배회하다 운이 좋으면 구조되기도 하고, 많은 경우 길에서 생을 마감합니다. 인간 사회의 도시화와 그에 따른 인간의 욕구가 만든 비극입니다.

최근에는 조금 다른 모습으로 비극이 일어나기도 했습니다. 반려견이 이웃집 사람을 물어서 사망에 이르게 하기도 하고, 목줄 없이 산책하던 반려견이 갑자기 돌변해 지나가던 사람을 위협하는가 하면, 반려견이 주인 가족을 무는 사건도 발생했습니다. 이로 인해 반려견 사고로 인한 피해 관리법 개정, 반려견 산책 시 입마개 의무화 등을 요구하는 거센 목소리가 일었습니다.

반려견들이 인간들과 잘 지내다가 가끔 사고가 발생할 때마다 우리는 당황하고 화를 냅니다. 반려견이 우리 곁에 있는 것이 잘못인 것처럼 손가락질하기도 합니다. 그러나 돌이켜 생각해보면 반려견을 도시 속으로 데려온 것은 바로 우리 인간입니다. 우리가 도시에서 사는 것이 때론 힘겨운 것처럼 반려견 또한 도시에 사는 것이 힘겨울 것입니다. 자연에서 자유롭게 지내는 것이 그들의 본능이라면, 도시에서 지내는 것은 그 본능을 막고 절제와 규제 속에 살아야 하는 것이기 때문입니다. 우리는 반려견들이 본능을 활용하여 도심 속 생활에 잘 적응하도록 도와야 합니다.

본능과는 다르게,
도심 속 반려견의 사회화 ___

반려견 교육에 조금이라도 관심이 있는 반려인이라면 '사회화'라는 단어가 익숙할 것입니다. 반려견의 사회화란, 반려견이 우리 사회의 구성원으로 살아가는 데 필요한 행동 양식을 배

우는 과정입니다. 보통 반려견의 사회화 시기는 생후 4~12주(1~3개월)인데, 이 시기에 반려견의 사회성이 급격하게 발달합니다. 그래서 이때는 반려견에게 다양한 감각 자극을 부여하는 것에 초점을 맞춰야 합니다. 여기서 다양한 감각 자극이란, 인간 사회에서 반려견이 경험하게 되는 시각, 청각 등의 자극을 의미합니다. 이 시기에는 대개 반려견이 예방 접종을 하는 시기와 겹치기 때문에 실내에서 주로 많은 시간을 보내는데, 잠깐씩이라도 나가서 걷고, 듣고, 냄새 맡는 등 다양한 경험을 할 수 있도록 해야 합니다.

사회화 시기는 어린 시절에 짧게 지나가지만, 사회화는 반려견의 삶 속에서 평생에 걸쳐 이루어집니다. 사회화 시기에 반려견의 사회성이 급격하게 발달하지만, 이 시기가 지나도 반려견의 사회성을 길러줄 수 있다는 의미입니다. 이를 아는 많은 보호자들은 반려견의 사회성을 길러주기 위해서 반려견을 동반해 카페, 놀이터 등에 놀러 가곤 합니다. 한두 번만의 방문으로는 반려견이 크게 달라지지는 않지만, 주기적으로 지속해서 실외 활동을 함께 하다 보면 뒤늦게라도 반려견의 사회성이 좋아지는 경우가 많습니다.

개가 낯선 개 또는 사람을 보고 경계하고 짖는 행동은 개의 본능상 자연스러운 행동입니다. 그러나 도시의 반려견이 그러한 행동을 했을 경우, 우리는 사회성이 떨어진다고 말합니다. 틀린 말이 아닙니다. 복잡한 도심 속에서 살아가는 대부분의 반려견은 사람들과 조화롭게 공존하기 위해 익혀야 하는 행동 양식들이 있습니다.

우선 길에서 낯선 사람과 마주쳐도 긴장하지 않고 그냥 지나쳐야 합니다. 낯선 개와 만났을 때는 개들끼리 서로 인사를 할 때도 있지만, 그냥 지나쳐야 하는 순간도 있기 마련입니다. 길가에 떨어진 음식물 찌꺼기 등도 주워 먹지 않아야 합니다. 또한 많은 반려견이 그렇게 하고 있지는 않지만, 길가에서 대소변을 보지 않고 풀밭 등에서 배설을 하는 것이 원칙입니다. 반려인은 펫티켓(Petiquette, 반려동물을 키울 때 지켜야 할 사항)을 지켜 자신의 반려견이 비 반려인에게 피해를 주지 않도록 많은 신경을 써야 합니다.

반려견의 감각이 살아나는 순간, 행동 풍부화

우리는 매일 버스나 지하철을 타고 일터로 가면서 다양한 사람들을 보곤 합니다. 직장에서 동료를, 밖에 나가서 친구를 만나기도 합니다. 이렇게 만나는 사람들의 개성 있는 외모와 복장, 몸에서 풍기는 향수 냄새, 버스나 지하철에서 스쳐 지나가는 풍경들 등 매일 같이 많은 감각 자극을 받으면서 살아가고 있습니다. 심지어 집 밖에 나가지 않더라도 하루 세끼 다른 메뉴로 식사를 한다든가 다양한 활동을 하면서 재미있는 하루를 보낼 수도 있습니다. 그런데 반려견의 하루는 어떤가요?

한적한 시골의 전원주택에서 사는 반려견은 언제든 집 마당에서 뛰어놀 수도 있고, 풀밭에 들어가서 노즈워크(Nose Work, 강아지의 뛰어난 후각 능력을 이용하는 놀이)를 할 수 있습니다. 이런 환경에서 생활하는 반려견에게 행동학적 문제는 거의 없습니다. 그러나 도심 속에서 살아가는 대부분 반려견의 경우에는 조금 다릅니다. 그들은 실외가 아닌 실내에서 주로 많은 시간을 보냅니다. 심지어는 겨우 며칠에 한 번 산책하러 나가는 반려견도 있습니다. 이렇게 제한된 공간에서 부족한 감각 자극을 받으면서 매일 같이 반복적인 삶을 살아가는 반려견의 기분은 어떠할까요?

<u>반려견의 사회화가 결국 우리 인간들을 위해 반려견의 행동을 최소한으로 제한하는 것이라면, 반려견의 행동 풍부화는 반려견의 행복을 위해 인간이 해줄 수 있는 최대한의 과정입니다.</u> 정확히 말하자면 행동 풍부화는 반려견들에게 다양한 감각 자극을 부여하는 과정입니다. 도심 속 반려견은 제한된 공간에서 반복적인 삶을 살아갑니다. 그래서 외부로부터 받는 자극들이 부족할 수밖에 없고 그로 인해 집안의 물건들을 물어뜯고, 헤집어 놓고, 화분을 파놓는 등 과잉행동이나 문제행동을 하게 됩니다.

반려견이 인간보다 훨씬 뛰어난 감각을 지닌 동물이라는 것을 부정하는 사람은 아마도 없을 것입니다. 인간보다 더 많은 운동량이 필요하다는 것도 잘 알고 있을 것입니다. 반려견의 수명은 인간 수명의 4분의 1수준이며, 하루 24시간 중 약 12시

간 정도 잠을 잡니다. 반려견이 깨어 있는 시간은 소중한 시간입니다. 그 시간 동안 산책이나 운동 등으로 활동 욕구를 풀어 주어야 하고, 다양한 냄새를 맡게 하여 감각을 자극받게 해야 합니다.

행동 풍부화가 꼭 산책만을 의미하는 것은 아닙니다. 실내에서도 충분히 행동 풍부화를 이룰 수 있습니다. 빈 상자 여러 개를 바닥에 놓고 간식을 숨겨 놓아 봅시다. 반려견이 숨겨진 간식을 찾아 먹는 놀이 또한 훌륭한 행동 풍부화입니다.

우리는 반려견의 사회화만큼이나 행동 풍부화에 관심을 가져야 합니다. 낯선 사람에게, 낯선 개를 만났을 때 매너 있게 행동하는 것도 필요하지만, 반려견의 삶의 질도 높일 필요가 있기 때문입니다. 이러한 태도가 바로 반려견과 함께 생활하는 진정한 반려인의 자세가 아닐까 생각해 봅니다.

반려견의 권리
=
보호자의 의무

반려견의 '반려'(companion)라는 단어에는 많은 의미가 있습니다. 반려견을 입양한다는 것은 내 삶의 동반자로서, 함께 살아가는 것을 의미합니다. 반려견을 보호할 책임을 지니고 있는 사람인 '보호자'도 단순한 단어는 아닙니다. 단순히 반려견에게 먹을 것을 챙겨주고 아프면 돌봐주는 것에 그치는 것이 아니라, 반려견이 건강하고 윤택한 삶을 살아갈 수 있도록 노력하는 사람이 진정한 보호자입니다.

반려견의 관점에서 바라본 '보호자'도 아마 그렇지 않을까요? 자신의 삶을 책임지고 돌봐주는 주체가 '보호자'이기 때문에, 반려견에게 보호자는 절대적인 존재일 수밖에 없을 것입니다. 그래서 반려견이 어떤 보호자를 만나느냐에 따라서 그 반려견의 삶의 질이 좌우된다고 말할 수 있습니다. 반려견의 삶을 윤택하게 하고, 우리의 동반자로서 살 수 있게 하려면 보호자가 알아 두어야 하는 것이 있습니다. 바로 동물복지의 5대 자유입니다.

- 배고픔과 갈증으로부터의 자유
- 불안으로부터의 자유
- 통증, 부상 또는 질병으로부터의 자유
- 공포, 고통으로부터의 자유
- 정상적인 행동 표현의 자유

다섯 가지 원칙 중에 다섯 번째인 '정상적인 행동 표현의 자유'는 반려견이 보호자에게 꼭 바라는 것일 겁니다. 사실 이것은 반려견이 누려야 할 지극히 당연한 권리입니다. 본능을 발현하면서 살아가는 것은 동물에게 있어서, 반려견에게 있어서 자연스러운 삶의 일부이기 때문입니다.

'동물'로서의 본능과 욕구,
권리가 있습니다 ─

반려견의 권리를 보장하기 위해 보호자가 꼭 챙겨야 할 세 가지를 꼽는다면 산책, 놀이, 친구입니다. 반려견과 함께 살아가는 수많은 사람의 라이프스타일은 모두 다릅니다. 반려견들은 환경에 대한 순응성이 뛰어난 동물이기에 보호자의 라이프스타일에 맞추어서 잘 지내곤 합니다.

하지만 반려견들도 동물이기 때문에 본능적인 요소가 충족되어야만 삶의 질이 높아집니다. 반려견의 삶의 질을 높일 수 있는 구체적인 방법은 첫째도, 둘째도, 셋째도 바로 산책입니다. 하루에 한 번, 산책하러 나가는 것은 반려견에게는 너무나 소중한 시간입니다. 보호자와 함께 걸으며 신선한 공기를 마시고, 햇빛을 쐬다 오는 산책만큼은 하루에 한 번은 꼭 해주어야 합니다.

반려견은 인간과 함께 협동하여 일을 수행하는 능력이 탁월한 동물입니다. 뛰어난 두뇌와 운동 능력을 갖춘 반려견들이 보호자가 외출해서 돌아올 때까지 낮잠만 자는 것은, 다른 측면에서 보았을 때 스트레스 요인으로 작용할 수 있습니다. 스트레스를 해소하지 못하면 온 집안의 집기 등을 헤집어 놓기도 하고 가구, 신발 등을 마구 물어뜯는 경우도 발생하곤 합니다.

반려견들이 스트레스를 풀고 자신의 능력을 활용할 수 있는 놀이를 마련해주어야 합니다. 빈 상자 등을 활용하여 숨겨진 간식을 찾는 노즈워크 놀이, 원반 등의 장난감을 회수해오는 놀이, 입으로 사냥감을 물고 흔드는 본능을 활용한 터그 놀이, 특정 물체 등을 코나 발로 터치하고 돌아오는 타겟팅 놀이 등을 통해서 무료하고 지루한 일상이 계속되지 않도록 신경 써야 합니다.

　반려견의 사회성은 다른 개들과 함께 어울리는 시간을 가져야 증진될 수 있습니다. 산책 시 만난 다른 반려견과 어울릴 시간을 주거나(상대방 보호자도 동의하는 때에만) 반려견들을 위한 수영장, 공원 등을 주기적으로 찾아가 보세요. 또한 반려견과 함께 살아가는 사람들의 동호회 모임 등에 참석하면 반려견의 사회성을 키우는 데 도움이 될 것입니다.

　반려견은 우리 삶의 동반자적 위치에서 살아가고 있습니다. 반려견에게 그에 걸맞은 대우를 해주며 살아가는 것은 당연합니다. 그러나 그 대우가 반려견을 예뻐하고, 맛있는 것을 챙겨주고, 같이 놀아주는 것이 전부는 아닙니다. 반려견이 우리 가족 중의 일원이기도 하지만, '동물'로서 본능과 욕구, 그리고 권리가 있다는 것을 잊지 말아야 합니다.

　우리의 삶이 풍요로워지려면 반려견의 삶도 풍요로워져야 합니다. 바다, 산 등 낯선 곳으로 여행을 가는 시간이 우리에게는 휴식의 시간이자 삶의 활력소입니다. 그런 시간이 있기 때문에 우리의 삶이 풍요로워지듯, 반려견의 삶도 그래야 합니다. 반려견들도 사회적 동물이라는 사실을 잊지 않고 산책, 놀이, 친구들과 어울릴 기회 등을 제공하는 것은 보호자의 의무입니다. 우리는 '애완'견이 아니라 '반려'견을 키웁니다. 가족이자 삶의 동반자이기에 당연하게 '반려견'이라고 부르면서, 정작 반려견의 삶은 반려견이 아닌 애완견으로 키우고 있지는 않은지 생각해 보았으면 합니다.

반려견의
시간은
다르게 흐른다

인간의 수명은 대략 80~100년 정도입니다. 이마저도 의학의 발달과 건강 관리 등으로 인하여 점점 늘어나는 추세입니다. 그렇다면 우리 반려견의 수명은 어떨까요? 다들 아시다시피 대략 15~20년 정도입니다. 이제껏 많은 반려인을 만나 이야기를 들었지만 20년을 살다가 떠난 반려견은 딱 1번 있었습니다. 17년, 18년 정도 살다가 떠나는 것도 드문 경우였습니다. 그 정도만 우리 곁에 있어 줘도 반려견들의 입장에서는 장수한 셈입니다. 지구상에서 가장 오래 살았던 반려견은 오스트레일리아의 목양견으로, 29년을 넘게 살았다고 알려져 있습니다. 그러나 어떤 경우라도 우리 인간에 비하면 그들의 수명은 턱없이 짧게 느껴집니다.

'반려견의 시간은 사람의 시간보다 6배 빨리 간다.'는 말이 있습니다. 이 말대로라면 보호자의 하루 24시간이 반려견에게는 약 일주일에 해당하는 시간입니다. 보호자가 출근했다가 귀가할 때까지 8시간 정도 걸린다고 가정하면, 반려견에게는 이틀 정도의 시간을 혼자 있는 셈입니다. 반려견의 시간이 그렇게나 빠르게 흐른다니, 반려견행동전문가인 저도 납득하지 못했습니다. 그러나 저의 반려견 초코가 10살 무렵이 되었을 때, 문득 그 말이 맞을 수 있겠다는 생각을 했습니다. 저 자신은 하나도 변한 게 없는 것 같은데, 어느새 초코는 나이 든 노령 반려견이 되어 있었기 때문입니다. 털이 점점 하얗게 바랬고, 눈동자 색도 점점 탁해졌습니다. 체력도 예전 같지 않아서 공놀이를 하고 나면 금세 숨소리가 거칠어졌습니다.

반려견의 여러 노화 증상에 관심을 두세요

대개 해당 생명체 수명의 절반 정도를 살았을 때, 노화의 특징을 육안으로 확연히 볼 수 있습니다. 사람의 경우는 약 40세 전후, 반려견의 경우는 약 8세 정도가 그 시기에 해당합니다. 의학의 발달로 인간의 수명이 점점 늘어나고 있듯, 수의학의 발달과 주기적인 건강검진, 영양 높은 사료 및 간식 등으로 인해 반려견의 수명도 늘어난 것이 사실입니다. 그러나 노화의 양상은 어김없이 대개 8살 정도가 되면 볼 수 있습니다.

: 털 :

가장 손쉽게 육안으로 볼 수 있는 변화는 반려견의 몸을 뒤덮고 있는 '털'입니다. 반려견이 나이를 먹을수록 털의 윤기가 떨어지고 예전보다 더 털이 빠지기 시작하는 것을 확인할 수 있습니다. 얼굴 부위의 털은 점점 하얗게 색이 바래곤 합니다. 털이 빠지더라도 주기적으로 빗질을 해주면 모근에 자극을 주어서 털 빠짐이 완화되고, 피부의 상태도 점검할 수 있습니다.

: 피부 :

점점 피부의 탄력이 떨어집니다. 또한 발바닥의 패드 부분이 예전보다 건조하고 딱딱해지기도 합니다. 피부의 혈액 순환이 원활하지 않으면 멍울 등이 생기기도 하는데 이는 피부암으로 발전할 가능성도 있기 때문에 주의 깊게 관찰해야 합니다.

: 움직임 :

반려견의 움직임이 예전보다 둔해지고 그 빈도가 감소했다는 것을 발견할 수 있습니다. 침대나 의자, 소파 등에 잘 뛰어오르던 행동의 수가 점점 감소하기도 하며, 공이나 장난감 등을 던져도 예전보다 적극적으로 반응하지 않는 등의 행동을 보이기도 합니다.

: 시력 :

노령 반려견이 되면서 시력이 점점 감퇴하고, 눈동자의 색이 점점 뿌옇게 변색하기도 합니다. 눈동자의 색이 변하는 것을 보고 많은 보호자가 걱정하고, 동물병원의 진료를 받곤 하지만 이는 노화의 한 부분이니 어느 정도 자연스럽게 받아들이는 것이 좋습니다. 그러나 너무 무관심하면 눈에 백내장이 올 가능성도 있으니 주기적인 검진은 반드시 필요합니다.

: 청력 :

시력과 마찬가지로 청력 또한 점점 감퇴하게 됩니다. 보호자가 움직일 때 나는 인기척에 예전과 달리 잘 반응하지 않거나, 현관 밖에서 나는 소리 등에 반응하지 않는 등의 변화가 옵니다. 초고령견의 경우에는 외출 후 귀가하는 보호자의 인기척을 듣지 못해 보호자의 귀가 사실을 알지 못하기도 합니다.

　반려견의 노화를 곁에서 느낄 때쯤이면, 보호자로서 마음이 착잡하고 아플 것입니다. 반려견에게 미안한 마음이 든다면, 앞으로는 이렇게 하시면 됩니다. 나와 반려견이 함께 보내는 앞으로의 시간이 더욱더 건강하고 윤택한 시간이 될 수 있도록, 반려견의 여러 노화 증상에 관심을 두고, 노령 반려견의 건강관리에 대해서 예전보다 조금 더 신경을 써 주시면 됩니다. 반려견도 보호자에게 그걸 원하고 있을 것입니다.

만남 _
나와 함께 사는 것이
행복하니?

보호자의 하루 _

아침 7시. 시간에 맞춰서 핸드폰의 알람이 울리네요. 이불 속에서 몇 번을 뒤척이다가 힘겹게 침대에서 일어납니다. 이불 속에는 반려견이 뒤척이며 아침잠을 자고 있네요. 아, 그러고 보니 코코를 소개하지 않았네요. 제 반려견은 2살 된 푸들 강아지 '코코'라고 합니다. 냉장고에서 시원한 물을 꺼내 한 잔 마시고 나서 샤워를 합니다. 씻고 나와 간밤에 코코가 패드에 싸놓은 배변 흔적을 치우고 깨끗한 패드로 갈아줍니다. 밥그릇에 사료를 부어주니 코코는 그제야 이불에서 나와 저를 보며 기지개를 켭니다. 쭈욱 시원하게 기지개를 켜고 난 뒤, 앞발을 제게 기대며 아침 인사를 건넵니다. '잘 잤어?' 저도 코코의 턱을 가볍게 쓰다듬어 주면서 아침 인사를 건네죠. 코코가 제 손을 핥으면서 답례를 하네요. 저희가 늘 하는 아침 인사랍니다. 제가 식탁에 앉아서 간단한 아침 식사를 할 때, 코코는 그 옆에서 저를 차분하게 바라보고 있어요. 그 모습이 너무나 사랑스럽습니다.

아, 오늘은 정말 출근하기 싫습니다. 코코와 함께 늦잠을 자고, 오후에는 함께 공원에 나가서 한가로이 산책을 즐기고 싶은 마음이 굴뚝같네요. '주말에는 꼭 그렇게 해야지.' 생각하면서 회사에 늦지 않도록 출근을 준비합니다.

외투를 입고 가방을 드니 코코가 낑낑거립니다. 제가 나갈 것을 눈치 챘습니다. 매일 아침 이렇게 낑낑거리는 게 안쓰러워 나갈 때마다 간식을 주고 나옵니다. 처음에는 간식을 먹느라 제가 나가는 것은 신경도 쓰지 않았는데, 이제는 간식을 줘도 잘 먹지 않습니다. 제가 밖으로 나와 현관문을 닫으면 문 앞에서 낑낑거리며 짖는 소리가 들려옵니다. 분리불안인가 봅니다.

제가 집에 돌아올 때까지 온종일 혼자서 집에 있을 코코가 외로울 것 같고, 저도 미안해서 반려견을 한 마리 더 키울까 진지하게 고민하고 있답니다. 코코에게 새로운 가족이 생기면 제가 없을 때 심심하지 않을 테니까요. 그런데 한 마리도 키우기 힘든데 둘을 어떻게 키우나 걱정이 드는 것도 사실입니다.

출근해서 바쁘게 일하다 보니 어느덧 퇴근 시간이네요. 집으로 돌아가는 지하철 안에서 요즘 반려견들이 잘 갖고 논다는 장난감을 검색하고, 구매합니다. 기존에 갖고 놀던 장난감이 꽤 있지만 싫증 난 것 같아서 주기적으로 장난감을 사주고 있습니다. 그래야 혼자 있는 시간이 덜 무료할 테니 말이죠.

집에 도착해서 현관 도어락을 누르니 코코가 우렁차게 짖습니다. 늘 그렇듯 말이죠. 현관에서 우리는 매일 이산가족 상봉을 하듯 서로 껴안고 격하게(?!) 인사를 나눕니다. 앉아서 인사하다가 제자리에서 일어서면 코코는 연신 점프를 뛰면서 환영의 세레모니를 선보이죠.

가방을 내려놓고, 외투를 벗고 나서 화장실에 손을 씻으러 갈

ESSAY

때도 코코는 저를 졸졸 쫓아다닙니다. 늦은 저녁을 챙겨 먹고 나면, 코코를 데리고 산책하러 나가는 시간입니다. 산책하러 나가기 전에는 흥분하는 코코 때문에 줄 채우는 데 애를 먹기도 하고, 퇴근 후라 조금 피곤하기도 합니다. 매일 산책을 해야 하는데 요즘은 날씨가 너무 추워서, 혹은 미세먼지 때문에, 여러 이유로 매일 하지는 못합니다. 그래도 이틀에 한 번씩은 산책하는 것 같아요. 코코는 덩치가 큰 개를 보면 흥분해서 짖습니다. 그래서 사람이 없는 시간대에 산책을 나가다 보니 매일 같이 산책하러 나가는 것이 힘들 때가 많습니다. 코코와 공원을 산책하는 것은 하루를 마무리하는 저의 일과가 되어 버렸습니다.

30분 정도 산책을 하고 집에 와서 발을 닦이면 코코는 거실 끝에서 끝까지 우다다다 전력질주를 합니다. 산책 시간이 짧았던 걸까요? 거의 매번 그러는데 왜 그러는지 모르겠어요. 시간이 좀 지나서 분위기가 가라앉으면 서서히 잘 준비를 합니다.

내일은 아침부터 부서 회의가 있고, 점심에는 회사 근처에서 친구와 점심 약속이 있네요. 저녁에는 또 다른 친구가 영화를 보자고 하는데 코코가 기다리고 있을 걸 생각하면 미안하지만… 그래도 오랜만에 친구도 볼 겸, 친구와 시간을 보내고 올 생각입니다.

반려견의 하루_

아침 7시. 매일 이 시간이 되면, 늘 엄마가 귀에다 대고 뭐라 뭐라 말을 하는 납작한 물건에서 소리가 나죠. 매일 듣는 소리인데, 저 소리가 늘 곤히 자는 엄마를 깨우는 것 같기도 하고, 저도 잠결에 그 소리에 놀라서 한 번씩 짖곤 한답니다. 그때마다 엄마는 나를 쓰다듬어 주세요. 저도 깜짝 놀라서 짖은 건데, 엄마는 제가 깨워준 것으로 생각하나 봐요.

침대 이불 속에서 조금 더 뒹굴뒹굴하고 있을 때쯤이면, 밥그릇에 사료가 쏟아지는 소리가 나요. 저는 이때서야 이불에서 나와서 밥 먹기 전 스트레칭을 한답니다. 그리고는 엄마에게 손을 내밀면서 인사를 건넵니다. 아침에는 많이 먹지는 않아요. 저녁 시간이 되어야 식욕이 더 왕성해진답니다. 그리고 엄마가 집을 나가기 전에 늘 간식을 주고 가니까 사료는 천천히 먹어도 되거든요. 엄마가 아침 식사를 할 때 엄마 얼굴을 계속 쳐다보고 있으면 가끔 엄마 음

ESSAY

식을 줄 때도 있어요. 제가 먹는 사료와는 비교도 안될 만큼 맛있는 음식들이기 때문에 저는 엄마의 식사 시간이 늘 기대된답니다. 식사를 다 마치면 엄마는 분주하게 옷을 입고 나갈 준비를 시작해요. 이때가 저는 하루 중에 가장 기분이 안 좋은 시간이에요. 어제와 별반 다름없이 혼자서 10시간을 집에 있어야 하거든요.

엄마는 나갈 때 맛있는 간식을 주고 나가지만 저는 간식보다는 엄마를 따라 나가고 싶어요. 아침에 하는 산책은 어떨지 궁금해요. 주로 깜깜한 밤에만 산책하러 나가거든요. 아침에 산책하러 나가서 신선한 공기와 풀냄새를 맡고 싶어요. 아침에 산책을 다녀오면 오후에 혼자서 편안하게 시간을 보낼 수 있을 것 같아요.

엄마가 현관문을 열고 나가면 저는 섭섭한 마음에 문 앞에서 낑낑거리다가 이내 포기한답니다. 간식과 사료를 먹으면서 울적한 기분을 달래다가, 할 것이 없어서 졸리지도 않은데도 계속 잠을 자려고 해요. 제 삶이 길어야 20년 남짓인데, 하루의 절반을 잠으로만 때우는 것 같아서 허망할 때가 많아요.

낮잠을 자다가 현관 쪽에서 사람 인기척이 들리면 귀를 쫑긋 세우고 소리에 집중한답니다. 엄마가 아주 가끔은 낮에 집에 온 적이 있거든요. 혹시나 하는 마음에 현관문을 쳐다보지만 역시나 현관문은 열리지 않아요. 매일매일 저는 이렇게 엄마를 기다려요.

환했던 바깥이 어두워지고 한참이 지나서야 현관문에서 삐비빅 소리가 울립니다. 엄마가 왔다는 신호죠. 저는 전속력으로 뛰어가서 엄마를 반겨요. 짖으면서 꼬리를 흔들고 점프를 뛰기도 합니다. 그러면 엄마가 좋아해요. 저는 신나서 더 세게, 더 크게 뛰어요. 흥분이 쉽게 가라앉질 않아서 어떨 때는 소변을 지릴 때도 있어 부끄러워요. 이럴 때 엄마가 놀라는 거 같아서 저는 소변을 참기 위해 엄청 애를 쓰기도 해요.

엄마가 화장실에 갈 때도, 옷을 갈아입을 때도 저는 계속 꼬리를 흔들면서 따라다닌답니다. 10시간 가까이 혼자서 기다렸는데 같이 있는 시간이라도 계속해서 엄마 곁에 있고 싶거든요. 저녁 식사를 하고 나면 산책하러 나가곤 하는데 매일 나가는 건 아니라서 엄마의 눈치를 보게 되죠. '오늘은 산책하러 나가나?' 하는 기대감이 매일 저녁 솟구친답니다.

야호! 오늘은 산책하러 나가네요! 저는 이 시간이 가장 행복해요. 나가서 걷고 냄새 맡고 뛸 수 있는 유일한 시간이거든요. 가

ESSAY

끔 산책하다가 큰 개들을 만나기도 하는데, 그때는 제가 엄마를 지켜야 하기 때문에 좀 예민해져요. 사실 저도 무서워요. 그래도 제가 용기를 내어 짖으면 엄마가 달래주고 안아주고 만져주는 것이 좋아서 저는 더 격렬하게 짖어 대곤 합니다.

산책을 마치고 집으로 돌아올 때는 늘 아쉬워요. 더 놀고 싶고, 더 스트레스를 풀고 싶은데 말이죠. 집으로 돌아오면 발을 닦는데 저는 산책할 때의 기분을 더 느끼고 싶어서 집안의 끝에서 끝까지 우다다다 뛰어요. 한바탕 뛰고 나면 기분도 좋아져요. 그때는 엄마의 침대 위로 뛰어 올라가서 이불에 대고 부비부비도 하고, 장난감을 갖고 놀기도 해요. 그러면 엄마가 같이 놀아주기도 하고, 쓰담쓰담 해줘요.

저의 하루 중 저녁 늦은 시간에 많은 일이 일어나요. 가장 기분이 좋은 시간이고, 가장 행복한 시간이에요. 늘 이런 시간만 있었으면 좋겠어요. 엄마가 함께 있는 것만으로도 저는 더 바랄 것이 없답니다. 그게 제가 엄마 곁에 늘 존재하는 이유이기도 해요. 저는 엄마의 반려견이니까요.

◇◇◇◇◇

반려견을 처음 입양했던 날을 기억하고 있나요? 반려견을 데리고 집으로 돌아오던 그날의 설렘과 기쁨을 잊지 못할 것입니다. 생후 2개월 남짓한 시기의 강아지를 입양했다면 작고 앙증맞은 털뭉치 같은 모습이 너무나도 귀여웠을 것입니다. 그 털뭉치는 호기심 가득한 표정으로 여기저기 집 안 곳곳을 돌아다니면서, 앞으로 자신이 살아갈 집을 열심히 탐색했을 것입니다. 보호자도 덩달아 텅 비어 있던 집안 어느 한쪽을, 반려견을 위한 집, 방석, 밥그릇, 간식, 장난감 등으로 가득 채웠겠지요.

반려견과 함께 살아가게 되면서 당신의 삶은 많이 바뀌었습니다. 친구를 만나 영화를 보고, 술자리를 갖던 당신이 집돌이, 집순이가 되었습니다. 당신을 애타게 기다리고 있을 반려견이 떠올라 퇴근 후 집으로 곧장 향하고, 야근해야 하거나 갑작스러운 회식이 생겼을 때는 혼자 있을 반려견 생각에 애가 탔습니다. 밤늦은 시간 불 꺼진 집의 현관문을 열었을 때, 뛰어와서 반겨주는 반려견의 모습에 하루의 피로가 싹 풀리기도 했을 것입니다.

하루, 한 달, 일 년, 몇 년의 시간이 지난 후, 당신의 모습은 어떠한

ESSAY

가요? 반려견 혼자 집에 있다는 사실을 점점 신경 쓰지 않고, 혹은 아예 잊고 지내진 않나요? 반려견을 통해 당신의 삶이 달라졌듯 반려견의 삶의 질도 당신에게 달려 있다는 사실, 알고 있나요?

얼마 전에 만난 한 보호자는 반려견을 떠나보내고 나서, 생전의 반려견에게 묻고 싶었던 말이 하나 있었다고 합니다.

'나와 함께 사는 동안 행복했니?'

저는 이 말을 듣고 가슴이 먹먹해졌습니다. 우리 가족의 반려견이었던 '초코'가 떠올랐기 때문입니다. 초코를 땅에 묻고 기도했던 그 날의 기억 때문이기도 했지만, 저 또한 보호자가 던진 질문에서 벗어날 수 없었습니다. '초코가 우리 가족의 반려견으로 살아가면서 행복했을까?'라는 생각을 하니 미안한 마음만 가득 떠올랐습니다. '훈련사로서 처음 발을 내디뎠을 때, 주인에게 외면받고 훈련소에 남겨졌던 초코를 입양한 것이 잘한 선택이었을까', '조용하고 어두운 우리 집의 분위기 메이커가 되어주었으면 하는 바람으로 초코를 입양한 것이 나의 욕심이 아니었을까', '입양을 한 주체는 나였는데, 바쁘다는 핑계로 초코의 관리를 부모님께 떠넘긴 것은 아니었을까' 등 답을 알 수 없는 질문은 아직도 남아 있습니다.

지금 당신 곁에 반려견이 있다면, 반려견에게 그리고 스스로 질문해 보세요.

'나와 함께 사는 것이 행복하니?'

이 한마디의 질문에 반려견의 삶의 모든 것이 담겨 있습니다. 반려견은 언제나 당신과 함께하고 싶어 하고, 당신과 함께 추억을 만들어 가고 싶어 합니다. 당신이 어떤 직업을 가졌든, 어떤 집에 살든 그것은 반려견의 삶의 질에 큰 영향을 끼치지는 않습니다. 반려견의 삶의 질을 좌우하는 가장 큰 요인은 바로, '함께 할 수 있는 것'입니다. 당신 곁에 반려견이 존재하면서 달라진 당신의 삶을 기억하세요. 그리고 당신으로 인해 달라질 반려견의 삶도 정성껏 돌봐주시길 바랍니다.

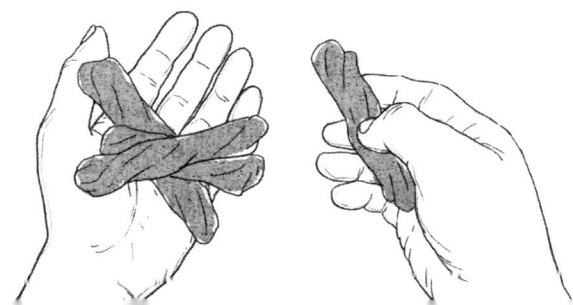

PART 2

노령 반려견과의 소통 & 교육

반려견 말고, 보호자가 '기다려!'

몇 년 전 국내의 한 동물보호단체에서 근무했습니다. 그곳에서 유기견을 구조하고, 입양센터에서 생활하고 있는 개들을 교육하기도 했습니다. 매번 보호자가 있는 반려견을 교육하다가 처음으로 주인에게서 버려진 개들을 교육했습니다.

길에서 구조되어 입양센터로 온 유기견들이 너무 가여웠습니다. 그래서 먼저 다가가서 관심을 보이고 놀아주었습니다. 저의 노력을 즐겁게 받아주는 개들도 있지만 반대로 피하는 개들도 있었습니다. 그런 개들에게 장난감, 간식 등을 주며 관심을 유도해 보았지만, 그들은 간식조차도 잘 먹지 않았습니다. 저는 포기하지 않았습니다. 며칠 동안 계속 반복하면 관심을 주고 다가오리라 생각했습니다. 그 예상은 보기 좋게 빗나갔습니다. 며칠은커녕 몇 주가 지나도 다가오지도 않고, 건네주는 간식을 받아먹지도 않았습니다. 당시에는 이유를 알 수 없었지만, 지금은 개들의 마음을 조금 알 것 같습니다.

그 친구들은 유기견이 되기 이전에 보호자와 함께 지냈을 것입니다. 즉, 편안하고 안정감 있는 공간에서 휴식을 취하기도 했고, 보호자와 함께 산책도 다녔을 것입니다. 하지만 알 수 없는 사연으로 유기견이 되었고, 전혀 다른 환경을 접합니다. 보호소나 입양센터는 예전의 집과는 달리 개들이 훨씬 많고, 자원봉사자나 방문객 등 불특정 다수의 사람이 드나드는 곳입니다. 그들은 낯선 환경과 소리로 인해 예민해져 있었습니다.

그런 상황에서 그들과 빨리 친해지려고 성큼 다가간 것은 치명적인 실수였습니다. 주인에게 버려져서, 학대받아서 등 다양한 이유로 온 개들의 사연이 가여워 지나치게 많은 관심을 쏟았습니다. 무관심으로 대하는 것도 문제지만, 개들에게 그들만의 시간과 여유를 주지 않은 것은 명백한 잘못이었습니다. 지나친 관심은 개들에게 부담을 넘어서 경계심을 일으킬 수도 있었습니다. 저의 조급함이 가장 큰 문제였습니다.

그 이후로 마음의 여유를 가지고 부산한 몸짓이나 음성은 자제했습니다. 그리고 개들의 몸짓과 음성에 더 많은 관심을 기울이고, 침착하고 차분하게 행동했습니다. 개와 함께 산책하기 위해 산책 줄을 매기 전에는 바닥에 엉덩이를 대고 벽에 등을 기대어 앉아 한숨을 쉬는 등의 동작을 반복했습니다. 그리고 아주 천천히 줄을 매고 밖으로 나갔습니다. 성격이 급한 저로서는 이런 행동이 조금 답답하긴 했지만, 꾸준히 반복했습니다.

시간이 지나면서 점점 개들은 제 앞에서 입을 벌린 채 숨을 쉬고, 가까이 다가와서 바디 터치(Body Touch, 얼굴이나 어깨 등의 신체 부위를 비비는 행동)를 스스로 하기 시작했습니다. 개들은 경계심이 들면 입을 닫지만, 긴장이 풀리면 입을 벌리고 숨을 쉬곤 합니다. 그리고 개과 동물에게 있어서 바디 터치를 하는 행동은 경계심이 완전히 없어졌음을 나타냅니다.

천천히 다가가며
신뢰감을 주세요

노령 반려견과 함께 생활하고 있는 보호자들도 이러한, 일종의 '기다림'의 시간이 필요하다고 생각합니다. 반려견은 나이가 들어감에 따라 신체적으로 많은 변화를 겪습니다. 잘 들리던 소리도 점점 희미하게 들릴 때가 있고, 예전에는 잘 보았던 물체도 점점 희미하게 보일 때가 있을 겁니다. 또한 잠이 점점 많아져서 이불이나 방석, 하우스 등에서 낮잠을 자는 시간도 전보다 눈에 띄게 많아질 것입니다. 예전에 하지 않던 행동을 하고, 반대로 예전에 잘 하던 행동을 더 이상 하지 않기도 할 것입니다.

예전과는 다른 노령 반려견의 행동을 보며 너무 걱정하고 변화를 주거나 개선하려는 보호자들이 많습니다. 나이를 먹는 것은 사람이나 반려견이나 똑같습니다. 반려견도 매일 천천히 늙어갈 것입니다.

그런 노령 반려견에게 열심히 산책을 시키거나 운동을 시킨다고 해서 보호자들이 걱정하는 부분들이 사라지는 것은 아닙니다. 오히려 무리한 운동과 산책, 교육으로 인해 반려견이 스트레스를 받을 수 있습니다. 노령 반려견들도 제각각 건강 상태, 생활 환경이 다르기 때문에 어떻게 해야 노령 반려견의 상태가 활발하고 좋아질지 정답은 없습니다. 평소 다니는 동물병원에서 꾸준히 건강 검진을 받아보는 것이 최선의 조치일 것입니다.

한 가지 분명한 것은 너무 조급하게 생각할 필요는 없다는 것입니다. 보호자의 조급함이 오히려 반려견에게는 불안감을 느끼게 할 수 있습니다. 보호자는 언제나, 반려견이 어렸을 때나 늙었을 때나 신뢰를 주는 존재여야만 합니다. 그래야만 반려견은 늘 보호자를 믿고 의지할 수 있습니다. 노령 반려견과의 소통은 보호자와 반려견 모두가 안정적인 심리 상태일 때 원활하게 이뤄집니다. 그 시간을 위해 기다려 주세요.

무관심 속에서
오해받는
노령 반려견

노령 반려견 보호자들은 대부분 비슷한 고민을 하고 있습니다. 자신의 반려견이 언제부터인가 예전에는 하지 않던 행동을 한다는 것입니다. 대표적인 행동으로, 정해 놓은 장소 또는 패드에 늘 대소변을 보던 반려견이 엉뚱한 곳에 대소변을 본다든가,

현관 밖에서 나는 소리, 베란다 밖에서 나는 아이들의 목소리, 이웃 강아지의 소리, 텔레비전에서 나오는 불특정한 소리 등에 민감하게 반응하여 짖는 행동들을 꼽을 수 있습니다.

12년, 짧은 생을 살다간 저의 반려견 초코 또한 그랬습니다. 초코는 12살이 되던 해 백내장 때문에 한쪽 눈의 시력을 거의 잃었습니다. 가끔 제가 부모님 댁에 방문할 때면 멀리서 저의 인기척을 듣고서 맹렬히 짖어 대곤 했습니다. 제 목소리를 들려주면서 가까이 다가가면 그제야 저를 알아보고 신나서 꼬리를 흔들었습니다. 밤에 잠을 자다가도 초코는 갑자기 짖곤 했는데, 그 빈도가 점점 늘어났습니다.

비슷한 고민을 하는 반려인과 대화를 나누어보면, 대부분 자신의 반려견을 '노령 반려견'이 아닌 '반려견'의 관점으로만 보고 있다는 것을 알 수 있습니다. 10살, 11살, 12살 등 반려견은 나이가 들어 어느덧 노령 반려견이 되었는데, 처음 우리 집에 왔던 그때처럼 여전히 귀엽고 사랑스러운 존재로만 인식하고 있는 것입니다.

상대적으로 티가 많이 나지 않아서, 때로는 무관심 때문에 반려견에게 나타나는 노화의 증상을 상당 부분 간과하고 있습니다. 그러고선 많은 보호자는 반려견의 그런 행동들을 문제 행동으로, 반려견의 성격이 바뀌었다고 생각합니다.

그러나 대부분 반려견이 나이가 들면서 보이는 행동은 일면 자연스러운 행동입니다. 노령견이 되면서 감각 기관이 퇴화하고, 그로 인해 인지 장애, 불안감 등을 겪으면서 반려견 스스로도 거부할 수 없는 변화를 맞이한 것입니다. 또한 이것은 일시적인 변화가 아니라 계속 지속될 수 있기 때문에, 우리는 이 변화를 인정하고 받아들이는 자세가 필요합니다.

노화로 인해 반려견들이 보이는 대표적인 변화가 있습니다. 우선 시각, 청각, 후각 등의 감각이 퇴화하면서 반려견은 점점 불안해져, 작은 소리에도 예민하게 반응합니다. 앞이 선명하게 보이질 않기 때문에 희미하게 보이는 물체는 더욱 경계합니다. 예전에는 바닥에 간식을 던져 주면 냄새를 맡고서 곧잘 찾아 먹었다면, 이제는 간식을 찾는 시간이 점점 길어질 것입니다.

이런 변화들은 반려견의 다양한 문제행동의 원인이 되는 요인인 '후천적 학습'에 의한 것이 아닙니다. 신체적 능력과 관련된 부분이기 때문에 문제가 있는 행동으로 보아서는 안 됩니다.

문제 행동이라고 생각하기 이전에
한 번 더 생각해 주세요

우리는 반려견의 노화 증상에 대해서 잘 알고 있어야 합니다. 그래야 반려견과 보호자 간에 갈등이 생기지 않기 때문입니다. 반려견의 상태를 파악하고 있지 않으면, 아주 사소한 문제를 과도한 질책과 처벌로 다루는 경우가 발생합니다. 처벌은 교육에서 큰 효과를 발휘하기도 하지만, 잘못된 행동이 아닌 것에 처벌하는 것은 오히려 반감을 삽니다. 보호자의 질책에 반려견은 저항하기도 합니다. 최악의 경우에는 반려견과 보호자 상호 간에 신뢰가 무너질 수도 있습니다. 그 결과 보호자가 반려견의 이름을 불러도 오지 않는 경우도 종종 볼 수 있습니다. 노령 반려견의 행동 또는 성격이 언제부터인가 변하는 것 같다면, 그것은 문제행동이 아니라 반려견의 신체적 노화로 인하여 발생하는 자연스러운 변화라고 생각하면 좋겠습니다.

반려견이 성견이 되기 전에 오는 사춘기 시기를 '성성숙기(性成熟期)'라고 합니다. 생후 8개월에서부터 13개월까지에 해당합니다. 혹시 지금 곁에 있는 노령 반려견이 있다면, 그 친구의 이 시기를 한 번쯤 회상해 보셨으면 합니다.

그땐 어땠나요? 보호자의 말이나 지시에도 반려견의 행동이 잘 통제가 되지 않았던 적이 꽤 많이 있었을 것입니다. 실제로 많은 보호자와 이야기를 나누다 보면 반려견의 성성숙기 시기에 문제 행동이 가장 많이 발생하며, 반려견을 잘 통제하지 못합니다. 이것은 너무나도 자연스러운 부분입니다. 우리 사람도 사춘기 시기에는 부모님의 말씀에 이유 없이 반항하는 것처럼 말이죠.

반려견이 8살이 지나고 9살, 10살이 되어가면서 어느덧 노령 반려견이 되었을 때, 성성숙기 때의 문제 행동과 비슷하지만 사실상은 다른 행동을 하는 것을 볼 수 있을 것입니다. 이때도 성성숙기 때처럼 반려견의 행동이 변화하는 것을 인정하고 받아들이는 자세가 필요합니다. 그런 마음가짐이 노령 반려견과 소통하는 첫걸음이라고 생각합니다.

이유 있는
배변
실수

6년 전 가정 방문 교육 프로그램을 통해 12살짜리 시추 수남이를 만났습니다. 보호자가 말하는 수남이의 문제는 언제부터인가 집안 이곳저곳에 소변을 보는 것이었습니다. 3살, 5살 등 성견의 배변 교육은 수도 없이 많이 했지만, 12살이나 나이를 먹은 노령 반려견의 배변 교육은 저에게도 처음이었습니다.

방문 일정을 잡고 수남이가 살고 있는 집을 방문했습니다. 수남이의 보호자는 정년퇴임 후 집에서 수남이와 단둘이 생활하고 있었습니다. 보호자는 하루 대부분 시간을 수남이와 단둘이 보내고 있었습니다. 수남이는 처음 저를 보고 연신 짖으며 긴장한 모습을 보였습니다. 대개 많은 반려견이 낯선 사람에게 경계심을 나타내지만, 수남이처럼 가족 구성원이 적은 경우에는 더욱 강하게 경계심을 나타냅니다. 자신의 구역, 영역을 만들고 이를 지키려는 개의 본능과 주인에 대한 충성심으로 인해 나타나는 모습이기도 합니다.

수남이와 보호자의 일과에 대한 이야기를 들은 후, 수남이에 대해 자세히 물어보았습니다. 그리고 보호자의 말로는 '소변을 실수하는 곳'이라는 장소의 특이점들도 찾아보았습니다. 찬찬히 살펴보니 수남이는 '소변을 실수'하는 것이 아니라 의도적으로 영역 표시인 마킹(Marking) 행위를 하고 있었습니다. 냉장고, 식탁 다리 등 보호자 입장에선 실수라고 느껴질 만한 장소에 말입니다.

노령 반려견이 언제부터인가 소변을 일정한 곳에서 보지 않는다면 여러 가지를 살펴봐야 합니다. 반려견이 평소에 자연스럽게 잘 하던 행동을 하지 않는 날들이 점점 길어진다면 분명히 무언가 이유가 있기 마련입니다. 몸이 점점 노쇠하면서 신체 기능이 예전과 같지 않을 수도 있고, 예전에 학습했던 것들을 깜빡 잊는 치매 증상을 겪고 있을 수도 있습니다. 반려견도 우리 사람들하고 별반 다를 것이 없다고 여기고 주의 깊게 살펴야 합니다.

　노령 반려견과 함께 생활하는 상당수의 많은 반려인이 반려견과 산책하러 나가는 횟수를 줄이곤 합니다. 반려견이 나이가 들면서 잠도 많이 자고, 무기력해 보이니, 반려견의 체력이 예전만 하지 못하다고 여기기 때문입니다. 그러나 반려견의 몸이 노쇠하였다고 해서 보호자와 함께 하는 산책 시간까지 싫어하는 것은 아닙니다. 밖에 나가서 신선한 공기를 마시고 따뜻한 햇볕을 느끼며 길을 걷고, 이따금 낯선 개들도 만나면서 시간을 보내는 것은 반려견이 주인 다음으로 가장 좋아하는 것입니다. 실외에서만 느낄 수 있는 다양한 감각 자극은 노령 반려견에게도 중요한 것입니다.

다만 노령 반려견은 체력이 많이 약해져서 운동량이 예전 같지 않으니 다양한 보행 도구를 활용하는 것이 좋습니다. 반려견 전용 유모차, 포대기, 보행 보조 하네스 등을 활용해 보세요.

안하던 배변 실수를 한다면, 산책하세요

수남이의 배변 문제도 바로 산책을 통해서 해결할 수 있었습니다. 평소 보호자는 수남이와 산책을 할 때 습관처럼 하는 행동이 있었습니다. 수남이가 노령 반려견이기 때문에 걷는 것이 힘들까 봐, 어느 정도 걷다가 벤치가 보일 때마다 앉아서 휴식을 취하고, 수남이에게 말을 거는 행동이었습니다. 주로 아파트 단지 내에서만 걷고 의자에 함께 앉아서 쉬는 것을 반복하면서 산책을 한 것이지요.

수남이를 배려한 산책이었지만, 정작 수남이는 풀밭에 들어

가서 흙을 밟으며 냄새를 맡을 기회가 없었습니다. 보호자와의 산책은 걷다가 쉬고, 걷다가 쉬는 것의 반복적인 걷기 운동을 하는 것과 다름이 없었습니다. 수남이가 정작 하고 싶어 하는 일을 하지 못한 채 집으로 들어가는 것이 산책의 패턴이 되어버렸던 것입니다.

반려견과 산책 시 일정한 목적지에 도착하면 반려견에게 잠시 시간을 주는 것이 좋습니다. 그 시간은 개의 본능적인 행동을 개시할 수 있는 유익한 시간이기 때문입니다. 반려견은 스스로 그 장소에서 충분히 냄새를 맡고 탐색하면서 대소변을 봅니다. 대소변을 보고 난 뒤, 뒷발로 땅을 차고, 앞발로 바닥을 긁으면서 킁킁 냄새를 맡습니다. 소변으로 자신의 존재를 알리고, 그리고 입을 벌린 채 기분 좋은 표정으로 주인의 얼굴을 쳐다봅니다. 때로는 바닥에 드러누워 몸을 비비기도 합니다. 이런 행동은 아스팔트나 콘크리트 바닥이 아닌 흙으로 이루어진 바닥에서만 주로 볼 수 있는 광경입니다. 반려견이 가장 좋아하는 행동이기도 합니다.

노령 반려견의 경우, 젊었을 때와 비교해 보면 움직임이 많이 둔화했다는 것을 느낄 수 있습니다. 움직임이 둔화하면 반려견이 생활하는 실내 공간에서 다양한 감각을 자극받을 일이 거의 없기 마련입니다. 그렇기 때문에 산책 시, 비록 짧은 시간일지라도 반려견이 충분히 냄새를 맡고 다양한 감촉을 느낄 수 있도록 산책 장소와 시간에 신경 써 주시길 바랍니다.

수남이의 경우, 기존의 산책 패턴을 바꾸고 동시에 배변 교육을 하였더니 다시 예전처럼 베란다에서 주로 소변을 보게 되었습니다. 많은 보호자가 고령인 자신의 반려견에게 좀 더 말도 많이 걸고, 반려견의 행동 하나하나에 즉각적인 반응을 해주곤 합니다. 이러한 애정과 관심은 반려견과 보호자 간의 유대 관계 증진에 도움이 됩니다. 그러나 그 과정에 너무나 몰입한 나머지, 정작 반려견 스스로 할 수 있는, 스스로 하고 싶어 하는 일들마저 제한하고 있을지도 모릅니다. 노령 반려견의 행동이 달라졌을 경우에는 반려견이 진정 원하는 것이 무엇일지 생각해 보시길 바랍니다. 배변 활동에 문제가 생겼는데 진정 원했던 것은 산책이었던 것처럼요.

다견 가정에서 노령 반려견의 우선순위는?

여러분의 가정에는 몇 마리의 반려견이 생활하고 있나요? 저는 현재 두 마리의 반려견을 키우고 있습니다. 4살 된 이탈리안 그레이하운드 '켈리'와 10개월 된 믹스견 '토리'와 함께 지내고 있습니다. 12년을 살다가 세상을 떠난 보스턴테리어 '초코'

도 저의 식구입니다. 초코는 켈리, 토리와 함께 살지는 않았습니다. 9년 정도를 식구들과 모두 함께 살다가 부모님과 초코는 함께 청양으로 내려갔습니다. 초코가 가장 좋아하는 사람이 어머니이기도 하고, 시골은 도시보다 조용하고 공기도 좋고, 산책하러 나가면 뛰어놀 수 있는 곳도 많기 때문에, 초코가 시골에 가서 노년을 보내는 것이 좋겠다고 생각했습니다. 물론 그 선택은 지금도 아주 잘한 선택이라고 생각합니다. 반려견도 복잡한 도심 환경보다는 조용하고 공기 좋고, 자연의 정취를 느낄 수 있는 곳이 살기 좋은 환경이라고 생각합니다.

두 달에 한 번 정도 부모님 댁에 들를 때마다 초코를 만났습니다. 같이 살 때는 초코가 늙어가는 모습이 잘 느껴지지 않았지만 두 달에 한 번씩 보게 되니 눈에 띄게 느낄 수 있었습니다. 두 달 전보다 얼굴 전반에 흰 수염이 더 많아졌고, 눈동자도 더 탁해졌습니다. 저를 보며 반기는 행동도 점점 힘에 부치는지 그 시간이 짧아졌습니다. 초코는 노령 반려견이니까 이런 변화는 당연하다고 생각하며, 짠한 마음을 스스로 다독이곤 했습니다.

그렇게 초코는 시골에서 조용하게 노년을 보내고 있었습니다. 그런데 아주 가끔 초코가 큰 스트레스를 받을 때가 있었습니다. 바로 쌍둥이 어린 조카들이 초코네 집에 놀러 올 때였습니다. 사회성 좋은 것으로는 둘째가라면 서러울 정도로 초코는 사람이나 개들에게 우호적이었지만, 어린 조카들이 놀러 올 때에는 달랐습니다.

아이들은 집안 곳곳 여기저기를 돌아다니며, 큰 목소리로 떠들고, 초코를 만졌습니다. 그때마다 초코는 스트레스에 시달렸을 것입니다. 실제로 초코는 조카들이 다녀가면 자주 설사를 했습니다. 스트레스로 인해 먹은 음식을 잘 소화하지 못했던 것입니다. 사람과 반려견을 예로 들었지만 다견 가정에서의 모습도 이와 크게 다르지 않을 것입니다.

생후 1살이 된 강아지와 12살이 된 두 마리의 반려견을 키우고 있다고 가정해 보겠습니다. 보호자가 외출했다가 귀가했을 때부터의 상황을 상상해봅시다. 현관을 들어서면 두 마리의 반려견이 꼬리를 흔들며 뛰어와 반길 것입니다. 아마 두 마리의 반려견 중에서 어린 반려견이 먼저 뛰어올 확률이 높습니다. 보호자는 자연스레 먼저 다가온 어린 반려견에게 인사를 건넬 가능성이 큽니다. 노령 반려견은 보호자의 귀가 때마다 늘 자신보다 빠르고 민첩한 어린 반려견에게 인사 순서를 밀릴 것입니다. 장난감을 던져 주어도 비슷한 상황이 발생합니다. 두 마리가 다 장난감을 좋아한다는 전제하에, 좀 더 날쌔고 빠른 반려견이 장난감을 선점한 채 보호자에게 다가올 것입니다. 이처럼 노령 반려견은 여러 가지 상황에서 우선순위에서 밀려납니다.

무심코 하는 보호자의 행동이
반려견들 사이를 멀어지게 합니다

1살이 된 혈기 왕성한 반려견과 12살의 노령 반려견 중에 어떤 반려견의 우선순위가 더 높을까요? 반려견의 성향, 체구의 차이, 기질, 후천적 학습 등 여러 가지 요인이 있기 때문에 100% 그렇다고 할 수는 없지만, 당연히 1살의 반려견이 많은 상황에

서 우선순위가 높을 것입니다. 앞서 살펴보았듯 보호자와 헤어졌다가 재회하는 상황에서 인사를 하는 우선순위, 간식이나 장난감을 던져 주었을 때 먼저 차지하는 우선순위 등에서 어린 반려견이 우세할 것입니다.

이런 상황들이 매일매일 반복되면 어떻게 될까요? 우선순위에서 밀린 노령 반려견은 많은 상실감을 느낄 것입니다. 마음은 그대로인데 몸이 따라주질 않으니 그 실망감은 더욱 클 것입니다. 그리고 어린 반려견에게 시기심과 질투심을 느낄 수도 있습니다. 개는 무리를 이루어서 사는 사회적 동물이라 감정을 느끼고 표현하는 정도가 풍부한 편입니다. 부정적인 감정도 충분히 느낄 수 있습니다.

실제로 다견 가정에 방문해보면, 반려견들 간의 나이 차이가 많이 나는 경우, 개들 간의 사이가 악화되어 싸움을 하는 경우가 많습니다. 보호자들은 노령 반려견이 점점 예민해지고, 어린 반려견의 우호적인 행동에 민감하게 반응하는 경우를 많이 목격할 수 있습니다.

물론 나이가 들면서 몸 여기저기가 아파서 민감하고 예민하게 구는 경우일 수도 있습니다. 하지만 다견 가정에서, 노령 반려견이 예전에는 안 그랬는데 시간이 지나면서 점점 예민해지는 것 같다면, 평소에 보호자가 반려견들의 경쟁을 유발하고 상실감을 느끼게 하는 상황을 자주 만들고 있지는 않은지 생각해 봐야 합니다.

<u>근본적인 환경을 잘 정비한 후에 보호자가 사소한 행동에도 신경을 쓰면서 반려견들 간의 물리적 충돌을 막을 수 있도록 노력해야 합니다.</u> 그 첫걸음으로 외출했다가 귀가할 때, 현관 앞에서 인사하지 않는 것을 권합니다. 옷을 갈아입고, 손을 씻고 나오세요. 그러고 나서 인사를 해도 늦지 않습니다. 오히려 훨씬 분위기가 부드러운 것을 느낄 수 있습니다. 또한 함께 놀아줄 때에는 개들끼리 경쟁할 수 있는 상황을 만들지 않아야 합니다. 공 던지기 등 경쟁심이 높아지는 놀이보다는 터칭(Touching) 놀이 등으로 스트레스를 풀어주는 것이 좋습니다. 반려견이 점프하여 보호자의 몸에 터치하는 상황도 막아주세요. 간식을 줄 때, 인사를 할 때 등 다양한 상황에서 반려견들은 보호자의 몸에 스킨십을 시도하며 애정표현을 합니다. 대

표적으로 점프를 하거나 두 발로 일어서서 앞발로 긁는 행동들을 꼽을 수 있습니다. 이러한 행동도 반려견들 사이에 마찰을 일으키는 원인이 될 수 있기 때문에 자제 시키는 것이 좋습니다.

늙어서도
재밌게
노는 법

반려견의 수명이 얼마나 되는지 다들 알 것입니다. 대개 15년에서 길게는 20년 정도입니다. 그렇다면 하루 24시간 중 반려견의 수면시간은 대략 몇 시간 정도일까요? 중·소형견은 대개 10~14시간 정도 잠을 잡니다. 대형견은 12~16시간까지 잠을 자는 경우도 있습니다. 종합해보면 개는 인간보다 수명은 훨씬 짧은데, 수면 시간은 더 긴 동물입니다. 결국 반려견이 우리와 함께 살아가는 시간은 생각보다 짧습니다. 노령 반려견과의 시간은 더 짧을 것입니다. 그렇기 때문에 우리는 반려견과 함께 지내는 시간을 유익하게 보내야 합니다.

노령 반려견과는 어떻게 놀아주는 것이 좋을까요? 어떤 특별한 놀이라도 있는 것일까요? 기대하셨다면 실망할지도 모르겠습니다. 그다지 특별한 것은 없습니다. 단, 노령 반려견과 놀이를 할 때 주의해야 할 점이 있는데 부상을 입지 않도록 놀아주어야 한다는 점입니다. 노령 반려견들은 신체적 능력이 저하되어 운동 능력이 낮습니다. 그렇기 때문에 너무 무리해서 놀아주면 부상을 입을 가능성이 높습니다. 공이나 인형 등을 던져서 물어오기 놀이를 할 때는 공이나 인형을 카펫이나 러그, 이불 위로 던지는 것이 좋습니다. 반려견이 미끄러지지 않도록 해주면서 관절 등의 부상을 예방할 수 있습니다. 양말이나 수건 등을 물고 당기는 놀이를 할 때 반려견은 물고 있는 양말, 수건 등을 뺏기지 않으려고 물고 있는 상태에서 뒤쪽으로 힘을 주어서 당기는데 이때도 바닥이 미끄러우면 관절에 많은 무리가 갈 수 있습니다. 공 물어오기, 수건 당기기 등도 좋은 놀이인 것은 맞지만, 노령 반려견은 힘을 쓰는 놀이보다는 호기심을 해소해 줄 수 있는 놀이를 하는 것이 좋습니다. 그러한 놀이 몇 가지를 소개합니다.

박스 노즈워크 놀이

준비물 빈 박스 5~10개, 간식, 클리커, 매트나 담요

놀이 순서

1. 거실 바닥 한가운데 매트 또는 방석을 깔아 놓습니다.
2. 빈 박스 5~10개 정도를 매트에서 2~3m 떨어진 곳 여기저기에 흩어 놓습니다.
3. 반려견을 매트 위에 부른 뒤, '기다려' 지시를 내립니다.
4. 박스 하나하나 일일이 손을 넣어서 반려견에게 간식을 박스 안에 넣는 모습을 보여줍니다. 실제로는 한 곳의 박스 안에만 간식을 넣습니다.
5. 매트 위에 있는 반려견에게 '찾아' 지시를 내립니다.
6. 박스 안에 숨겨진 간식을 반려견이 찾으면, 다른 간식이나 장난감 등으로 보상해 줍니다.

반려견이 나이가 들면서 찾아오는 노화 증상 중에 가장 대표적인 것이 바로 감각 능력의 퇴화입니다. 시각, 후각, 청각 등 다양한 감각들의 기능이 점점 떨어지기 마련입니다. 박스 노즈워크(Box Nose Work) 놀이는 박스 안에 숨겨진 간식을 찾는 놀이입니다. 숨겨진 간식을 노령 반려견이 후각을 활용하여 찾으면 또 다른 보상(2차 강화물)으로 좋아하는 간식이나 장난감 등을 주면 됩니다.

노령 반려견과 함께 생활하는 보호자들이 아니더라도 모든 반려인에게 박스 노즈워크 놀이를 적극적으로 권장하는 편입니다. 그 이유는 개들이 지니고 있는 본능들을 자극할 수 있기 때문입니다.

반려견들은 사람과 함께 살면서, 실외가 아닌 실내에서 삶의 대부분 시간을 보내고 있습니다. 살고 있는 주거 환경은 실내라고 해도 개들이 지니고 있는 본능적인 요소들은 그대로 남아 있습니다. 예를 들어 냄새를 맡고, 그 냄새가 나는 위치를 찾아가는 것은 개에게 아주 자연스러운 행동입니다. 실내에서 사는 반려견은 산책하러 나갈 때, 보호자가 귀가했을 때 등 한

정된 경우에만 본능에 맞는 자연스러운 행동을 할 수 있습니다. 그때와 비슷하게 행동할 수 있는 박스 노즈워크 놀이를 통해 가능한 한 많은 기회를 만들어 주는 것이 좋습니다.

요즘은 담요에 주머니가 달린 제품들이 시중에 많이 나와 있는데, 냄새를 맡는 면적이 좁기 때문에 반려견의 행동반경이 넓지 않다는 단점이 있습니다. 또한 간식을 담요 안에 숨겨 놓고 찾는 것을 반복할수록 담요 여기저기에 간식의 냄새가 계속 남는다는 문제도 있습니다. 박스 노즈워크는 이 단점들이 보완되는 놀이이므로, 평소 택배 박스를 버리지 말고 모아두었다가 노즈워크 놀이에 사용한다면 아주 유익한 시간을 보낼 수 있을 것입니다.

물컵 터칭 놀이

준비물 간식, 클리커, 물컵

놀이 순서

1. 한 손에는 클리커, 그리고 다른 한 손에는 간식을 쥡니다.

2. 간식을 쥔 손을 반려견에게 내밉니다. 이때 반려견의 코가 보호자의 손에 닿을 때 클리커를 누르고 손안에 있던 간식을 제공합니다. (7~10회 정도 반복)

3. 클리커를 쥔 손에 간식을 같이 쥐고, 다른 한 손은 아무것도 쥐지 않은 상태에서 손바닥을 반려견에게 보여줍니다. 이때 반려견이 다가와서 보호자의 손에 코를 대면 클리커를 누르고 간식을 제공합니다. (7~10회 정도 반복)

4. 한 손에 물컵을 손에 쥔 채 반려견에게 보여줍니다. 이때 반려견이 다가와서 코로 터치를 하면(냄새를 맡는 정도여도 괜찮습니다.) 클리커를 누르고 간식을 제공합니다. (7~10회 정도 반복)

5. 손에 쥔 물컵을 바닥에 살짝 굴려보기도 하고, 움직여보면서 반려견이 코로 터치하면 클리커를 누르고 간식을 제공합니다. (7~10회 정도 반복)

6. 반려견이 물컵을 코로 터치하는 행동이 익숙해지면, '터치'라는 지시어를 붙여주고, 물컵의 위치를 여기저기 움직이면서 시도해 봅니다.

터칭(Touching) 놀이는 반려견이 보호자의 지시에 따라서 일정한 물체를 코나 발로 터치하는 놀이입니다. 터칭 놀이는 실내에서 많은 시간을 보내는 노령 반려견에게 일정한 수준의 운동량을 제공한다는 장점이 있습니다. 또한 아주 간단한 놀이이기 때문에 누구나 쉽게 할 수 있으며, 반려견이 터치하는 물체를 점점 다양화할 수 있어서 '인지 풍부화' 측면에서도 도움이 되는 놀이입니다.

키친타월 어질리티 놀이

준비물 간식, 클리커, 키친타월 걸이 2개

놀이 순서

1. 바닥에 키친타월 걸이 1개를 내려놓습니다.
2. 반려견을 간식으로 유도하여 키친타월 걸이 주변을 한 바퀴 돌게 한 뒤, 클리커를 누르고 간식을 제공합니다. (7~10회 정도 반복)
3. 키친타월 걸이 1개를 더 꺼내 가로 방향으로 나란히 놓습니다.
4. 간식으로 유도하여 반려견이 키친타월 걸이 사이를 통과할 때마다 클리커를 누르고 간식을 제공합니다. (7~10회 정도 반복)
5. 바닥에 놓은 두 개의 키친타월 걸이를 가로 방향에서 점점 세로 방향으로 바꾸어 놓습니다.
6. 반려견이 키친타월 걸이 사이를 통과할 때마다 클리커를 누르고 간식을 제공합니다.
7. '사이' 지시어를 먼저 들려주고, 반려견이 키친타월 걸이 사이를 통과할 때마다 클리커를 누르고 간식을 제공합니다.

키친타월 어질리티(Kitchen Towel Agility) 놀이는 반려견이 바닥에 놓인 키친타월 걸이 사이를 통과하는 놀이로, 반려견의 민첩함이 요구되는 놀이입니다. '어질리티'라고 하면 아주 격한 독스포츠(Dog Sports)의 어질리티 경기로 생각하는 사람들이 많은데, 일상생활 속에서 다양한 구조물 사이를 통과하는 놀이도 즐거운 어질리티 놀이가 될 수 있습니다. 반려견에게는 점점 퇴화하는 운동 감각을 일깨워 주기도 하고, 반려견 스스로 생각하면서 능동적으로 움직여야 하기 때문에 치매 예방에도 도움을 줄 수 있습니다.

  노령 반려견과 함께 놀아줄 수 있는 놀이 3가지를 소개했습니다. 이 놀이들은 실외보다는 실내에서 하는 것이 좋습니다. 산책하러 나가는데 빈 박스나 키친타월 걸이 등을 챙겨 나가기도 쉽지 않을뿐더러, 밖에 나가면 다양한 자극으로 인하여 반려견의 집중도가 떨어지기 때문입니다. 노령 반려견과 함께 외출했을 시에는 활동적인 놀이를 하기 보다는 조용한 곳에서 보호자와 함께 걷는 것이 더 유익할 수 있습니다.

  실내에서는 위와 같은 놀이들로 놀아준다면, 노령 반려견도 실내에 있는 시간이 무료하지는 않을 것입니다. 노령 반려견에게 가장 좋은, 최고의 놀이는 반려견 혼자 하는 놀이가 아닌 보호자와 함께 하는 놀이라는 점을 기억합시다.

ESSAY

설렘 _
우리 여기서 같이 사진 찍자!

    당신에게 여행은 어떤 의미인가요? 저에게 여행은 늘 반복되는 지루한 삶을 뒤로한 채, 넓은 세상을 향해 떠나는 모험과 같은 시간입니다. 여행을 다녀오고 나면 더 넓은 세상을 보고, 듣고, 느끼고 온 시간이 소중하게 여겨지고, 반복되는 삶에도 새로운 동기부여가 된답니다. 이렇게 좋은 여행을 사랑하는 반려견과 떠나면 얼마나 좋을까요? 먼 곳이 아니더라도 상관없습니다. 반려견에게 익숙한 곳이 아닌 새로운 곳이라면 그곳이 바로 훌륭한 여행지입니다.

반려견을 데리고 여행을 다니는 것을 다소 회의적인 시각으로 바라보는 사람들도 있습니다. 그들은 반려견이 낯선 장소에 가면 스트레스를 받을 것이라고 말합니다. 저도 그 말에 어느 정도 동의합니다. 반려견은 구역, 영역성이 강한 존재이기 때문에 낯선 환경에서 다소 스트레스를 받을 수 있습니다. 하지만 반려견은 환경에 대한 순응성이 강한 존재이기도 합니다. 그렇기 때문에 오늘날까지 우리와 함께 살아가고 있는 것이기도 합니다.

반려견은 호기심이 강합니다. 새로운 장소에 가면 시각과 후각 등을 활용하여 이리저리 둘러보고, 새로운 물건을 접하면 다양한 감각을 활용하여 탐색하곤 합니다. 이러한 본능이 강하기 때문에 우리는 반려견에게 다양한 학습을 시킬 수도 있습니다. 우리 반려견의 학습 능력이 뛰어나다는 것은 누구나 공감하고 있지요.

이런 특성들을 활용하면 반려견과 충분히 함께 즐거운 여행을 떠날 수 있습니다. 반려견 역시 당신 곁에서 많은 것을 보고, 듣고, 느낄 수 있기 때문입니다. 행동 풍부화 관점에서 보면 여행은 우리뿐만 아니라 반려견의 삶도 풍부하게 해주는 최고의 선물이 아닐까 하는 생각도 듭니다.

ESSAY

반려견과 여행을 떠난다면 관광보다는 휴식을 취하는 여행을 하는 것이 더 좋습니다. 여행을 통한 휴식은 바쁜 일상과 도심에서 탈피하여 당신과 반려견 모두에게 정서적인 위안을 줄 수 있기 때문입니다. 반려견 동반이 가능한 사설 캠핑장, 호텔, 콘도 등이 증가하는 추세여서 편리하게 여행을 다닐 수 있습니다. 저의 지인은 반려견을 데리고 스키장에도 다녀오더군요. 스키장에서 뛰어노는 반려견과 지인의 모습이 담긴 사진을 보니, 반려견과 지인 모두에게 정말 큰 추억으로 남겠다는 생각이 들었습니다.

요즘은 SNS를 통해서 반려견과 함께 한 여행을 자주 접하곤 합니다. 근사한 곳에서 반려견과 함께 식사한 때, 멋진 풍경 속에서 반려견과 함께 놀고 있는 모습, 반려견에게 근사한 옷이나 특별한 음식을 선물해 주는 모습 등 반려견과 함께 보낸 시간이 행복해 보입니다. 그 시간을 추억으로 남기기 위해 그렇게 열심히 사진을 찍었겠지요.

반려견을 하늘나라로 떠나보낸 어느 보호자를 만난 적이 있습니다. 그 보호자는 반려견을 떠나보내고 나서 언젠가 제게 이런 말을 했습니다.

"별이가 건강했을 때 여행도 같이 다니고 했어야 했는데, 그러지 못 해서 많이 미안해요. 좋은 주인 만나서 남들처럼 좋은 곳도 많이 다니고 그랬으면 좋았을텐데……."

저는 이렇게 대답했습니다.

"별이가 보호자님을 만났기 때문에 반려견으로서의 삶을 다하고 떠난 거예요. 별이도 보호자 님에 대한 좋은 기억만 가지고 떠났을 겁니다. 보호자님도 별이와 함께해서 좋았던 추억만 기억했으면 좋겠어요."

형편이 넉넉하지 않은 사람일수록 반려견을 떠나보내고 나서 이런 마음이 드나 봅니다. '나를 만나지 않고 다른 사람을 만났더라면 더 행복했을 텐데…….' 하는 마음 말입니다. 저는 보호자들이 이런 생각을, 이런 마음을 갖지 않았으면 좋겠습니다. 당신과 당신의 반려견을 다른 사람들과 비교하지 않았으면 합니다. 당신은 당신의 반려견에게 최고의 보호자이며, 당신의 반려견 역시 당신에게 최고의 반려견이기 때문입니다.

세상에는 수많은 사람이 반려견과 함께 살아가고 있습니다. 우리는 모두 반려견과 함께 근사하고 멋진 삶을 살아가길 희망합니다. 반려견과 함께 여행을 다니고, 좋은 곳에서 시간을 보내길 원합니다.

저 역시 그런 삶을 살고 싶습니다. 하지만 저는 저의 방식대로 제 삶 속에서 반려견과 함께 소중한 시간을 보내고, 소중한 여행을 하는 것을 원합니다.

차가 없어서 여행을 못 간다고요? 요즘에는 반려견과 함께 이동하기 편하도록 만든 가능한 백팩이나 캐리어 등 다양한 가방이 많습니다. 지하철이나 버스 등 대중교통수단을 이용해 얼마든지 근교의 좋은 곳으로 나들이를 갈 수 있습니다. 찾아보면 우리 주변에는 반려견과 함께 산책하면서 휴식을 취할 수 있는, 알려지지 않은 조용하고 한적한 장소도 많이 있습니다.

멀리 떠나는 것만이 여행은 아닙니다. 가까운 곳이라도 반려견과 함께 익숙하지 않은 곳을 다녀오는 것이 여행입니다. 그리고 꼭 근사하고 멋진 곳으로의 여행이 아니어도 괜찮습니다. 당신과 반려견이 함께 다녀올 수 있고, 기분전환이 될 수 있는 장소라면 어디든 괜찮습니다. 어디를 가느냐보다는 반려견과 당신이 함께 여행하고 있다는 것에 의미를 두길 바랍니다. 함께 시간을 보내고 있다는 것을 소중히 여기길 바랍니다.

PART 3

노령 반려견을 위한 생활 & 건강 관리법

저단백,
저지방,
고칼슘

여러분은 반려견에게 어떤 음식을 제공하고 있나요? 주로 사료를 줄 것이고, 이따금 간식을 줄 것입니다. 때로는 특식을 제공하기도 하겠죠. 우리 사람과 별반 차이가 없습니다. 반려견에게도 주식, 간식, 특식이 있습니다. 우선 반려견의 주식, 매일 먹는 사료를 한번 살펴보겠습니다. 기본적으로 개들은 육류로 만든 음식을 아주 좋아합니다. 그래서 닭고기, 양고기, 오리고기, 연어 등이 사료의 구성 성분 중에 가장 많은 부분을 차지하고 있습니다. 이렇게 만든 사료 중에는 알갱이가 작은 것도 있고 반대로 큰 것도 있습니다. 건식 사료도 있고 습식 사료도 있으며 요즘은 건식과 습식 중간 형태의 사료도 시중에 나와 있습니다.

누가 먹는 음식이냐에 따라서 음식의 구성도 달라집니다. 예를 들어 질병 치료 후 회복 단계에 있는 반려견에게는 고단백의 식단이 필요합니다. 또한 비만견의 경우에는 저지방의 식단이 건강관리에 도움이 됩니다. 그렇다면 노령 반려견에게 적합한 음식의 조건은 무엇일까요? 시중에 판매되는 사료 중에서는 겉표지에 '시니어'(senior)라는 표시가 있는 것이 노령 반려견에게 적합합니다. 반려견을 키우는 보호자마다 선호하는 사료의 브랜드는 제각각 다르지만, 브랜드를 떠나서 대부분 시니어 사료들은 단백질과 지방의 함량이 낮습니다. 노령 반려견들은 운동량이 적기 때문에 단백질과 지방 함량이 높은 사료를 먹으면 비만을 유발할 수 있기 때문입니다. 반면 칼슘과 조회분 등의 성분은 일반 반려견들이 먹는 사료보다 함량이 높은 편입니다. 뼈를 구성하는 주성분인 칼슘은 노령 반려견에게 아주 중요한 영양소입니다. 조회분 역시 마찬가지인데 조회분이란, 식품을 약 550~600도의 열로 태웠을 때 남는 재를 말합니다. 식품 중에 함유된 무기질과 거의 성분이 비슷해서, 마그네슘, 나트륨, 칼륨, 철, 아연 등이 포함되어 있습니다. 이러한 조회분은 너무 많은 것도 문제가 될 수 있지만 반대로 너무 적으면 건강에 좋지 않은 영향을 미칩니다.

　예전에는 건식 형태의 사료가 주를 이루었지만 현재는 노령 반려견을 위한 반건식, 습식 형태의 사료들도 시중에 많이 나와 있습니다. 반려견은 나이가 들면서 치아가 점점 약해지기 때문에 치주 질환에 시달릴 수 있습니다. 딱딱한 음식을 씹으면서 치아가 부러지거나 잇몸에 출혈이 생기기라도 하면 반려견도 점점 사료를 멀리할 것입니다. 평소 반려견이 사료를 잘 씹어 먹지 못하는 것 같다면 반건식 사료나 습식 형태의 사료를 제공해보는 것이 좋습니다.

주식 외에 반려인들이 가장 많이 신경 쓰는 것이 바로 간식일 것입니다. 시중에 너무나 많은 종류의 간식이 존재합니다. 간식도 사료처럼 제품의 뒷면을 보면 성분 함량이 표기되어 있습니다. 대부분의 간식은 단백질의 함량은 높고, 지방 함량은 낮습니다. 상품에 따라 성분 함량에 차이가 있으니, 잘 확인하고 선택하는 것이 좋습니다.

노령 반려견에게는 고단백의 간식을 가끔 주는 것이 좋습니다. 너무 자주, 많이 제공하면 비만의 원인이 되기 때문에 제한적으로 급여하는 것을 권장합니다. 껌 등 이빨로 꽤 오래 씹어야 하는 간식은 너무 딱딱한 것보다는 조금은 부드러운 재질의 것으로 제공하는 것이 좋습니다.

이 외에도 치석 예방에 도움이 되는 제품들도 많이 나와 있으니 주기적으로 챙겨 준다면 노령 반려견의 건강에 도움이 됩니다. 반려견이 어렸을 때부터 칫솔질해준 반려인은 반려견이 나이를 먹어도 칫솔질을 하려 합니다. 그러나 이것은 좋은 행동이 아닙니다. 나이가 들면서 반려견의 잇몸이나 치아가 점점 약해지기 때문입니다. 약한 자극에도 출혈이 생기거나 통증을 느낄 수 있습니다. 그렇기 때문에 치석 예방 껌 등을 제공해 주는 것이 좋습니다.

사료는 한 번 개봉했더라도 일정 기간 이상의 보관이 필요하기 때문에 유통기한이 긴 편이지만, 간식은 그렇지 않은 경우가 많습니다. 개봉 후 실온에 두었을 때, 며칠만 지나도 쉽게 변질되곤 합니다. 남은 간식은 잘 밀봉하여 냉장 보관해야 합니다.

특식은 말 그대로 특별한 날에 급여하는 음식입니다. 반려견의 생일이나 기념일 등에 주로 챙겨 주는 경우가 일반적이지만, 노령 반려견에게는 특별한 날이 아니더라도 가끔 특식을 제공해 부족한 영양분을 채워 주는 것이 좋습니다. 닭가슴살이나 소고기, 오리, 연어, 닭발, 북어, 멸치, 단호박, 당근, 양배추, 블루베리 등 반려견이 먹을 수 있는 여러 가지 식재료들이 있습니다. 이러한 재료들을 사용하여 특식을 제공하면 단백질, 칼슘, 비타민 등 평소 부족했던 영양소를 채울 수 있습니다. 평소 자신의 반려견에게는 어떤 식재료가 좋을지 꼼꼼히 파악해 놓는 것이 좋습니다.

특식을 통해 반려견은 '먹이 풍부화'를 경험할 수 있습니다. '풍부화'라는 단어가 다소 생소할 수 있으나, 말 그대로 반려견에게 풍부한 환경을 제공하는 것과 관련된 말로 이해하면 됩니다. 단조로운 일상 속에서 먹이 풍부화를 통해 반려견들에게 특별한 냄새나 맛을 느끼게 해 주는 것이 필요하다는 이야기입니다. 어떤 사람들은 개들은 사료만 먹어도 충분하며, 사료가 곧 종합영양제라고 말하기도 합니다. 이 역시 틀린 이야기는 아닙니다. 그러나 반려견들도 인간과 함께 살아가는 사회적 동물이니만큼 사료만으로 살 수 없습니다. 실제로 반려견들은 제한적인 공간에서 매일 반복되는 삶을 살면, 문제 행동을 일으키기도 합니다. 그렇기 때문에 반려견의 단조로운 삶에도 변화가 필요합니다. 이런 관점에서 먹이 풍부화는 반려견에게 정서적인 도움을 줄 수 있는 중요한 활동입니다.

노령 반려견에게
특히 더 위험한 음식

반려인이라면 반려견이 먹으면 좋지 않은 음식물에 대해서 익히 잘 알 것입니다. 너무 기름진 음식, 카페인이 함유된 음식, 알코올 성분이 들어간 음식, 초콜릿, 견과류, 파, 양파, 우유, 생선뼈 등 반려견이 먹으면 해로운 음식이나 성분 등은 꽤 많습니다. 노령 반려견에게 이런 음식들은 더욱더 치명적입니다. 반려견들도 나이가 들면 소화 능력이나 면역력 등 신체 기능이 점점 약해지기 때문입니다. 견종, 체구 등 개체마다 약간의 차이는 있을 수 있습니다. 예를 들어 아주 미량의 초콜릿을 먹었다고 가정하면, 대형견에게는 생명에 지장을 주지 않을 수 있지만 소형견에게는 치명적일 수 있습니다. 이와 비슷하게 <u>같은 양이라도 젊은 반려견보다 노령 반려견에게는 치명적일 수 있기 때문에 더욱 주의해야 합니다.</u>

노령 반려견이 먹으면 해로운 음식이 따로 있는 것은 아닙니다. 일반 반려견들이 먹으면 좋지 않은 음식과 같습니다. 그

중에서도 노령 반려견에게 특히 더 위험한 음식 몇 가지는 아래와 같습니다.

: 생선의 뼈 :

생선의 살점을 줄 때는 가시를 철저하게 발라서 주세요. 생선의 가시가 장벽에 상처를 내게 된다면 면역력이 약한 노령 반려견에게는 치명적일 수 있습니다.

: 초콜릿 :

초콜릿 속에 함유된 테오브로민(theobromine) 성분은 과다 복용할 경우 노령 반려견의 중추신경계와 심장에 영향을 미칠 수 있습니다. 심장이 약한 노령 반려견에게 치명적일 수 있습니다.

: 양파, 마늘 :

양파와 마늘에 함유된 티오황산염(thiosulphate) 성분은 끓이거나 튀기거나 삶아도 사라지지 않는 성분입니다. 이 성분이 들어간 음식을 먹게 되면 몸속에서 적혈구가 파괴되고, 그로 인해서 빈혈이 올 수 있으니 주의해야 합니다.

위의 세 가지 음식은 노령 반려견에게 더욱 위험할 수 있으니 꼭 기억하고, 노령 반려견이 섭취하는 일이 없도록 일상생활 속에서 주의해야 합니다. 반려견을 두고 외출할 때뿐만 아니라, 평소에 식구들이 먹다 남은 음식을 반려견이 닿을 수 있는 공간에 두지 않는 습관이 필요합니다. 먹다 남은 음식은 가급적 냉장고 같은 곳에 보관하여 실내에서 자극적인 음식 냄새가 풍기지 않도록 해야 합니다. 생각해보면 일부러 반려견에게 좋지 않은 음식을 먹이는 반려인은 없습니다. 대부분 '테이블 위에 먹다 남은 초콜릿을 두었는데 외출했다가 귀가해보니 반려견이 초콜릿을 먹어 치웠다' 등의 크고 작은 사고가 있을 뿐입니다.

정신 건강을 위한 산책법

평소 자신의 건강 유지를 위해서 무엇을 하나요? 가볍게 달리기, 등산, 테니스와 배드민턴 같은 구기 종목 등 역동적인 운동을 좋아하는 사람이 있을 것입니다. 이와는 다르게 요가나 필라테스, 명상을 통해서 건강을 유지하려는 사람도 있습니다.

건강하다는 것은 신체 건강뿐만 아니라 정신적인 건강 또한 포함합니다.

반려견의 경우에는 어떨까요? 평소 반려견의 건강 유지를 위해서 무엇을 하고 있나요? 노즈워크 등 다양한 놀이, 가끔 제공하는 특식 등 음식을 통해서 신체적 건강에 대해 신경을 쓸 것입니다. 많은 방법 중에서도 노령 반려견의 건강을 유지하기 위해서 보호자가 할 수 있는 최고의 선택은 바로 주기적인 산책입니다. 신선한 공기를 마시며, 풀밭에 남아있는 다른 동물들의 냄새를 맡고, 배뇨를 통해 주변의 동물들에게 자신의 존재를 알리는 산책 시간이야말로 반려견이 가장 좋아하는 시간이기도 합니다. 이는 노령 반려견에게도 마찬가지입니다. 다만 9살이 넘은 노령 반려견과 산책할 때에는 조금 더 신경 써야 할 것들이 있습니다.

형식적인 산책이 아닌,
함께하는 산책을 해주세요

노령 반려견과 산책을 할 때는 체력 안배를 위해 산책 중간중간에 기착지를 만들어야 합니다. 한 번에 목적지까지 쭉 계속해서 걸어가는 것보다는 여러 군데에서 잠시 머물며 쉬었다 가는 것입니다. 되도록 벤치가 있는 곳이 좋습니다. 벤치에 앉아서 잠시 햇볕도 쬐고 반려견을 쓰다듬어 주면서 털을 고르는 시간도 함께 가지세요.

산책을 자주 하는 반려견들에게는 몇 가지 공통점이 있습니다. 매일 산책을 나오기 때문에 자기가 가는 길이 있고 가는 장소가 있습니다. 그곳에서 오늘은 누가 다녀갔는지 궁금해하며 여기저기 냄새를 맡고, 배뇨, 배변 등의 배설 활동을 합니다. 이런 행동은 일반적인 행동입니다. 문제는 줄을 잡고 있는 보호자를 의식하지 않고 자기가 해야 할 일만 하는 반려견들의 모습입니다. 늘 자신이 하던 일을 하기 위해 조급한 마음으로, 보호자를 끌어당기는 행동을 보이곤 합니다. 이런 행동은 반려견의 신체에 좋지 않은 영향을 끼칩니다. 반려견이 줄을 과도하게 끌어당기면, 가슴줄의 경우 반려견의 앞다리 관절에 무리를 주고, 목줄은 목에 무리를 줍니다. 그렇기 때문에 앞서 말한 산책 중 중간 기착지를 만드는 행위는 중요합니다. <u>매일 중간 기착지 위치를 바꾸어가면서 산책을 하면 반려견도 산책을 나누어서, 끊어서 한다는 것을 인지합니다.</u> 이를 통해 반려견은 흥분을 가라앉히고 산책을 즐길 수 있습니다.

또 하나 중요한 것이 있습니다. 풀밭에 들어가서 노즈워크를 하기 전에 보호자와 반려견 간의 규칙을 지키는 일입니다. 그 규칙이란, 어느 정도 걷다가 멈추어 서서 보호자가 반려견의 이름을 부릅니다. 반려견이 보호자를 쳐다보거나 다가오면, 그다음에 풀밭에 들어가서 냄새를 맡게 해 주는 것입니다.

이것은 아주 중요한 규칙입니다. 대부분의 보호자는 반려견과 산책을 할 때, 길을 걷다가 반려견이 멈추어 서서 냄새를 맡으면 기다려주곤 합니다. 이 과정을 수차례 반복하다 보면 반려견은 자극을 받고, 냄새의 흔적 위에 소변을 보게 됩니다. 이를 반려견의 관점에서 보면, 산책을 나오면 다른 개의 흔적 위에 자신이 배설해도 된다고 인식합니다. 여기서 중요한 것은 배설을 풀밭이나 흙이 아니라 길에서 한다는 것입니다. 시간이 지나면서 점점 그 횟수가 많아질 것이고 반려견은 길을 걸을 때 보호자와 차분히 걷는 것에 집중하기보다는, 여기저기 냄새 맡고 배뇨를 하는 것에 집중하게 됩니다.

결국 이런 행동은 차분하고 여유 있는 산책을 방해합니다. 보호자와 함께 집 밖으로 나와서 신선한 공기를 쐬며 걷고, 햇볕도 쬐면서 스킨십도 하고, 풀밭에서 다양한 냄새 자극을 맡기도 하고, 가끔은 다른 개들과 인사를 하는 등의 산책을 할 수 없습니다. 그저 반려견은 하고 싶은 대로 하고, 보호자는 줄만 잡고 따라다니는 보조자의 역할만 하게 됩니다.

산책은 신체 건강에도 도움이 되지만, 정서적인 자극을 받는 시간이기도 합니다. 흥분하거나 줄을 끌어당기는 등의 행동은 편안한 상태의 산책을 방해하는 행동입니다. 노령 반려견이 숨을 헐떡이면서 바쁘게 여기저기 냄새 맡으며 배뇨를 하는 것은 신체적, 정서적으로 무리를 주는 행동입니다. 산책은 반려견만을 위한 시간이 아닌 보호자와 함께 교감하며 걷는 시간이기도 합니다. 그 시간을 위해 산책 시에는 몇 군데 기착지를 정해서 머무르고, 풀밭에 들어가기 전에는 보호자에게 집중하도록 노력해야 합니다.

노령 반려견에게도 '잠이 보약'

반려견의 수면 시간이 얼마나 되는지 알고 있나요? 중·소형견의 경우 하루 10~14시간 정도 잠을 잡니다. 대형견은 하루에 12시간에 16시간까지도 잔다고 합니다. 우리 반려견들은 하루의 절반 이상을 잠을 자며 보냅니다. 그들의 수명을 20년이라고 가정한다면 절반인 10년 정도는 잠으로 세월을 보내는 것입니다.

사람에게도 '잠이 보약'이라는 말이 있듯이 반려견들도 충분히 잠을 자야 건강합니다. 아파트, 전원주택, 복잡하고 시끄러운 번화가 안의 상가 건물 등 다양한 형태의 주거환경에 있는 반려견들을 살펴보면, 복잡하고 시끄러운 곳에서 사는 개들이 행동학적으로 문제가 많습니다. 직접 만났던 비숑프리제 강아지가 바로 그러한 경우였습니다.

그 강아지는 강남역에 술집들이 밀집한 상가건물 2층에서 생활하고 있었습니다. 그곳은 집 안에 있어도 바깥의 소음들이 많이 들렸고, 밤이 되면 화려한 네온사인의 불빛들이 창문을 비춰 눈이 부신 곳이었습니다. 보호자는 장사하느라 밤에 집을 자주 비웠는데, 그때마다 반려견이 집을 어지럽히고 난장판을 만들어 놓는다고 하소연했습니다.

한 달간의 교육을 통해 상황은 어느 정도 호전되곤 했지만, 기대했던 만큼 반려견이 변화하지 않아 좌절했습니다. 그러나 이후로도 비슷한 환경에서 사는 개들이 같은 행동을 한다는 사실을 발견하면서 반려견에게 더욱 관심을 기울였습니다. 그들의 비슷한 행동들을 보며 '잠을 자야 하는 시간에 충분히 잠을 자지 못하는 경우라면 반려견은 어떻게 행동할까?'라는 의문이 들었습니다.

사람처럼 반려견도 수면 시간이 부족하면 신체에 변화가 생깁니다. 그로 인한 스트레스가 반려견의 불안정한 심리 상태로 이어질 것으로 생각합니다. 불안정한 심리 상태는 결국 여러 가지 행동학적인 문제로 이어집니다. 가장 흔한 예로 집안 물건을 어지럽히거나 부서놓는 파괴적인 행동, 대소변을 일정한 장소가 아닌 다른 곳에 보는 행동들을 들 수 있습니다. 견종을 불문하고 대부분의 반려견이 보이는 행동입니다.

반려견이 밤에 몇 시간 자는지 확인해 보세요

노령 반려견이 있는 가정은 노령 반려견의 건강 관리를 위해 여러모로 노력하는 것을 흔히 볼 수 있습니다. 보통은 정기적으로 동물병원에 방문하고, 음식을 가려서 주며, 주기적인 산책과 운동을 통한 체력 관리를 돕습니다.

그러는 와중에도 노령 반려견의 수면을 살펴본다는 가정은 그리 많지 않습니다. 많이 자면 자는가 보다, 잠에서 깨면 깼나 보다 하는 정도로 반응하곤 합니다. 그러나 반려견의 수면 상태를 살펴보는 것은 그 어떤 건강 관리보다 중요합니다. 잠을 충분히 푹 자는지, 하루에 몇 시간 정도 자는지 등을 살펴보아야 합니다.

밤에 숙면을 취하지 못했거나 오전에 무리한 운동을 한 반려견이 낮에 꾸벅꾸벅 조는 모습을 흔히 볼 수 있습니다. 운동 등의 경우를 제외하면, 반려견은 환경적인 요인이나 심리적인 요인 때문에 밤에 편안하게 잠을 자지 못하곤 합니다. 예를 들어 상가 건물 등이 밀집한 곳에서 사는 반려견들은 늦은 밤에도 밖에서 들리는 소리 때문에 숙면을 취하지 못 하곤 합니다.

이와는 반대로 일부 보호자들이 외출 후 CCTV를 통해 반려견을 관찰해보고는 낮에 잠을 너무 많이 자는 것 같다고 걱정하는 경우가 있습니다. 반려견이 잠을 왜 많이 잘까요? 반려견도 처음에는 무료함을 달래기 위해서 집안 곳곳을 살피거나 먹을 것은 없는지 돌아다닐 것입니다. 그러다 점점 보호자 없이는 반려견 스스로 집 안에서 할 수 있는 것이 거의 없다는 것을 알게 됩니다. 반려견의 모든 행동에는 동기가 있기 마련인데, 보호자가 외출하면 동기가 사라져버립니다. 무료함을 달래기 위해서 잠을 자고, 그런 일상이 반복되면서 잠을 자는 시간이 늘어나게 되는 것입니다.

반려견이 매일 무료함을 느낀다는 것 자체로 보호자의 마음이 편치는 않겠지만, 잠을 많이 자는 것은 분명 건강상의 문제는 아닙니다. 그러나 잠을 잘 자지 못하는 것은 분명 문제가 될 수 있습니다.

노령 반려견이 잠을 잘 자지 못하는 것 같다면 우선 노령 반려견이 충분히 잠을 잘 수 있는 편안한 환경인지 점검해 보세요. 대표적으로 노령 반려견이 자는 공간이 어느 높이에 있는지 살펴볼 수 있습니다. 무조건 높은 곳에 있지 않아야 합니다. 뛰어서 오르내려야 하는 장소는 관절에 영향을 주기 때문입니다. 또한 습성상 개들은 높이가 높은 곳에서는 더 많이 경계하는 경향이 있습니다.

우리 인간이 들을 수 없는 소리도 잘 듣고 반응하는 반려견의 습성도 늘 염두에 두어야 합니다. 반려견이 밤에 현관문 밖이나 창문 밖으로 들리는 소리에 잠을 깨거나 짖는 경우가 잦다면 주거 환경을 전보다 더 안정감 있고 조용한 곳으로 옮겨 주는 것이 좋습니다. 특히나 소리에 예민한 반려견이라면 잘 때만이라도 잠자리를 조용한 방 안으로 옮겨 주어야 합니다. 대신 자유로이 드나들 수 있도록 방문은 조금 열어 두는 것이 좋습니다.

잠자는 곳의 온도와 습도도 중요합니다. 계절마다 적정 실내 온도 및 습도의 차이는 있지만, 일반적으로 너무 건조하거나 너무 습한 곳에서 많은 시간을 보내는 것은 노령 반려견에게 좋지 않습니다. 온도계, 습도계를 통해 주기적으로 환경을 점검해야 합니다.

수면 환경이 잘 갖춰진 상태에서 하루에 10시간 이상 잠을 잘 자고 있는지 확인하세요. 하루 10시간 이하의 수면을 취하고 있다면 건강에 이상이 있는지 의심해 봐야 합니다.

외국 속담 중에 '피곤한 개가 얌전한 개'라는 말이 있습니다. 바꿔 말하면 '잘 자는 개가 활발한 개'라고 말할 수 있겠지요. 반려견에게 충분한 수면은 건강한 삶의 시작입니다.

고칠 수 없는
이상행동을
대하는 법

우리는 그날그날 자신의 컨디션을 확인할 수 있습니다. 잠을 제대로 자지 못했거나, 병에 걸렸을 때는 얼굴 피부의 색과 눈빛, 피부의 상태 등이 좋지 않습니다. 체중계를 통해서 몸무게를 측정해 볼 수도 있습니다. 몸이 건강하지 않으면 체중도 변화하는 경우가 많기 때문입니다. 이 외에도 용변의 상태, 업무 집중도 등 다양한 경로로 건강의 이상 신호를 눈치챌 수 있습니다.

반려견의 건강에 관해서는 어떤가요? 지금 함께 지내고 있는 반려견의 몸이 좋지 않다는 것을 무엇을 보고 판단하나요? 코가 촉촉한지, 건조한지, 눈곱이 평소보다 많이 끼지는 않은지, 변의 색이 짙거나 냄새는 심하게 나지 않는지, 평소보다 잘 움직이지 않는지, 평소 잘 먹는 음식을 먹지 않는지 등을 관찰하며 우리는 반려견의 건강을 판단합니다.

반려견이 건강할 때, 코는 촉촉하고 윤기가 나지만 건강하지 않을 때는 마치 비가 오지 않아 땅이 메말라 갈라진 것처럼 건조합니다. 눈곱은 안구 건강의 척도인데, 결막염이나 안구 건조증 등을 앓고 있다면 눈곱이 많이 낍니다. 변의 색이 평소보다 어둡고 불쾌한 냄새가 난다면 건강하지 않다는 신호이니 주의를 가지고 지켜보아야 합니다.

반려견이 평소에 잘 먹는 음식이나 간식을 갑자기 마다한다면, 그것 또한 건강에 이상 신호가 왔을 가능성이 높습니다. 식욕이 저하된다는 것은 컨디션이 좋지 않다는 의미입니다. 물론 아직 배가 고프지 않아서 음식을 먹지 않을 수도 있습니다. 그러나 먹지 않는 상태가 지속된다면 건강 이상을 의심해 보아야 합니다. 반려견들은 여러 가지 건강상의 이유로 음식을 먹지 않습니다. 주요 원인으로는 불안감, 우울감 등 심리적인 변화가 있을 때, 신체에 통증이 있을 때, 너무 피곤하거나 스트레스를 받았을 때를 꼽을 수 있습니다.

노령 반려견들은 심리적인 변화가 있을 때와 신체에 통증을 느낄 때, 음식을 먹는 것에 대해 큰 영향을 받습니다. 나이가 들면서 몸 이곳저곳의 기능이 저하되고, 점점 아픈 곳이 많아지면서 노령 반려견들은 불안하고 우울한 심리 상태를 겪습니다. 반려견이 그런 상태에 있다는 것을 단적으로 보여주는 행동이 바로 맛있게 먹었던 음식들이 눈앞에 놓여 있어도 적극적으로 반응하지 않는 모습입니다.

이상 행동을 보고
나무라지 마세요

몸에 이상이 있을 때 반려견은 음식을 먹지 않는 것 외에도 여러 이상 행동을 함으로써 자신의 불편함을 표현합니다. 수면 시간이 갑자기 증가하거나, 평소에는 잘 반응하지 않던 소리나 소음에 짖는 빈도가 늘거나, 잘 하지 않던 행동을 하는 빈도가 늘거나, 평소 집 안에서 잘 다니던 길목에서 무언가에 부딪히거나 여기저기 헤매는 경우를 볼 수 있습니다. 이러한 변화들은 반려견이 12살 이상일 때 보이는 경우가 많습니다. 12살보다 어리더라도 치매 같은 인지 장애를 겪는 반려견에게서도 볼 수 있는 행동입니다.

충성심 강한 반려견들이 보호자를 지키려는 본능에 따라 소리에 반응하는 것은 당연한 행동입니다. 함께 잠을 자다가도 외부에서 들리는 불확실한 소리나 소음에 짖는 것도 그런 행동의 일환입니다. 보호자가 특별히 신경 써야 할 것은 언제부터인가 반려견이 짖는 빈도가 늘어나고 흥분 등의 감정이 쉽

사리 가라앉지 않는 상황입니다. 이런 상황이 지속한다면 동물병원에 가서 건강검진을 받아보는 것이 좋습니다.

반려견이 평소에 잘 하지 않던 행동을 자주 하는 경우도 마찬가지입니다. 반려견들은 이유 없이, 동기 없이 행동하지 않습니다. 그러나 때론 아무런 목적이 없는 행동을 일정 빈도 이상, 반복적으로 하기도 하는데, 이러한 행동을 정형행동(定型行動) 또는 상동행동(常同行動)이라고 합니다.

정형행동은 제한된 공간에서 살아가는 야생동물, 동물원의 우리 안에 갇혀서 지내는 동물에게서 볼 수 있는 행동입니다. 집안의 일정한 공간에서 사는 반려견들에게도 정형행동이 나타나곤 합니다.

정형행동을 보이는 반려견들의 연령대는 다양합니다. 1살 이하의 어린 강아지, 한창 활발한 나이인 3, 4살 정도의 반려견들도 정형행동을 자주 보입니다. 이들은 대부분 많은 스트레스를 받아 과잉행동 장애를 일으키는 경우입니다.

노령 반려견 또한 정형행동을 보이기도 하는데, 다른 연령대의 반려견들과는 다소 차이가 있습니다. 노령 반려견의 정형행동은 스트레스가 원인이라기보다는 노화에 따른 신체 변화로 인해 발생합니다. 같은 지점을 이리저리 반복적으로 맴돈다든가, 꼬리를 물려고 뱅뱅 도는 행동들을 그 예로 들 수 있습니다.

  노령 반려견이 정형행동을 반복하면 보호자는 문제 행동으로 여기지 않는 태도를 보이는 것이 중요합니다. 보호자가 문제 행동으로 간주하여 반려견을 야단치거나 처벌을 내리면, 반려견 입장에서는 의지할 대상이 없어져 불안한 마음만 더욱 키울 뿐입니다.

  야단을 치는 대신 빈 간식 봉지를 비벼서 소리를 내주어, 반려견의 정형행동을 우선 멈추게 하세요. 그 후 보호자는 반려견의 이름을 부르고, 반려견이 다가오면 바닥에 간식을 한 개 줍니다. 같은 방법으로 다른 위치에서 불러보고, 또다시 위치를 바꾸며 지속해서 하다 보면 점점 반려견의 관심을 이끌고 정형행동을 하는 빈도를 줄일 수 있습니다.

  반려견도 사람처럼 나이가 들면 점점 기억력을 잃고 체력과 운동량, 근육량이 줄어듭니다. 보호자를 못 알아보기도 하고,

대소변을 아무 곳에다가 보기도 합니다. 나이가 들어 자연스럽게 나타나는 행동이니 야단보다는 보호자 선에서 할 수 있는 것을 찾는 것이 좋습니다. 반려견에게 치매 증상이 나타나면 교육을 통한 개선은 거의 불가능합니다. 반복되는 일상생활에서 지속해서 할 수 있는 건강 관리 등을 통해 증상이 악화하는 것을 지연시키는 것만이 서로를 위한 가장 좋은 방법입니다.

때론 예절보다 본능 존중하기

사람뿐만 아니라 우리 반려견들도 스트레스를 받습니다. 보호자로서 그들의 스트레스를 어떻게 관리해 주고 있나요? 반려견에게 스트레스를 주는 요인들은 무엇인지 생각해 봤나요? 산책하러 못 나갔을 때, 놀고 싶은데 보호자가 놀아주지 않을 때 등

피상적인 경우에만 국한된 문제는 아닐 것입니다. 반려견들도 동물이라서 본능적인 욕구가 강한 존재이기 때문입니다.

밖에 나가서 풀밭에 남겨진 동물들의 냄새를 맡고 싶고, 냄새가 나는 흔적을 따라가고 싶고, 자신의 흔적을 남기고 싶고, 친구를 만나고 싶고, 건강하고 매력적인 이성을 만나고 싶고, 신선하고 맛있는 음식을 먹고 싶고, 움직이는 물체를 보면 따라가서 잡고 싶고……. 반려견들에게도 정말 많은 본능적인 욕구들이 있습니다. 이 욕구가 채워지지 않으면 고스란히 스트레스가 되어 돌아옵니다.

도심 안에서 사람들과 함께 살아가고 있는 반려견들은 그러한 본능들을 최대한 억제하며 살고 있습니다. 예를 들어 사냥 본능이 강한 반려견이 움직이는 물체를 보고 반응하지 않고 가만히 있기란 쉬운 일이 아닙니다. 이때 보호자는 반려견의 흥분을 가라앉히기 위해 산책줄을 짧게 잡는다든가, 반려견을 앉히든가, 엎드리게 하든가, 반려견의 앞에 끼어드는 등 여러 가지 수단을 동원해서 반려견의 행동을 저지합니다. 반려견이 흥분하지 않고 매너 있게 행동하면 칭찬이나 간식으로 보상을 해주기도 합니다.

 우리는 반려견에게 예절을 가르친다고 생각합니다. 칭찬이나 간식으로 보상했을 때 반려견이 좋아하는 모습을 보고 우리는 뿌듯해하기도 합니다. 그러나 과연 반려견은 정말 좋아하고 있을까요? 반려견은 '길에서 갑자기 굴러가는 공을 마주쳤을 때, 뛰어가지 않고 무덤덤하게 반응하면 간식을 얻어먹을 수 있구나'라고 학습합니다. 그리고 본능을 억제하면 보상으로 칭찬이나 간식이 주어진다는 인과관계를 연관 지어서 생각할 것입니다. 우리는 '칭찬이나 간식으로 보상을 주었다.'는 것에 초점을 맞추지만, 반려견의 입장에서는 우선 본능이 억제된 상황입니다. 여기서 반려견은 스트레스를 받게 됩니다.

본능을 발현할 수 있도록,
산으로 가세요 ⎯

'에티켓'이라는 프레임 안에서 행동해야만 똑똑하고 예의 바른 반려견이라고 사람들은 말합니다. 본능을 억제하는 만큼 똑똑한 반려견이 됩니다. 결국 우리와 함께 살아가고 있는 모든 반려견은 늘 스트레스를 받습니다. 그렇기 때문에 반려견들이 스트레스를 발산할 수 있는 시간, 환경을 제공해야 합니다. '매일 산책 시켜주고 놀아주는데 그것 말고 더 해야 할 게 있나요?'라고 생각하는 사람이 많을 것입니다. 그런 사람 중 한 명이라면 매일 갔던 동네 산책 대신 산으로 가는 것을 추천합니다.

반려견과 함께 주기적으로 산을 가는 것은 반려견들의 '행동 풍부화'를 이끌 수 있는 좋은 방법입니다. 행동 풍부화는 제한된 공간에서 부족한 감각 자극을 받으며 살아가는 반려견에게 다양한 감각 자극을 부여하여 자연스럽고 본능적인 행동들이 발현될 수 있게끔 하는 것입니다. 이를 위한 최적의 장소가 바로 '산'입니다. 산이라고 해서 꼭 크고 높은 산이 아니어도 됩니다. 동네 뒷산 정도면 충분합니다.

산이 아닌 도심에서 산책을 할 때 일부 반려견들은 냄새를 맡는 대신 사람들, 다른 강아지들을 쳐다보는 경우가 있습니다. 후각보다 시각적인 자극에 더 관심을 두는 것입니다. 도심은 시각적인 요소들이 많기 때문에 당연히 그럴 수밖에 없습니다. 또한 반려견이 얼마나 사회성이 있느냐에 따라 관심을 두는 요소가 달라집니다. 수백 마리 이상의 개들을 관찰하면서 얻은 결과, 사회성이 좋은 개들은 산책을 나오면 시각적인 요소보다는 후각적인 요소에 더욱 집중합니다. 사회성이 다소 부족한 개들은 후각적인 요소보다는 시각적 요소에 더욱 반응합니다.

겁이 많거나, 헛짖음이 잦고, 낯선 개나 사람에게 예민하고 공격적으로 반응하는 개들은 늘 자신의 주변에 낯선 개나 사람이 다가오는 것을 경계합니다. 노즈워크 같은 후각적인 활동을 하기보다는 주변 상황의 변화에 더욱 집중하는 것입니다. 하지만 반대로 사회성이 좋은 개들은 산책을 나오면 목적지에 도착하여 후각적인 활동을 하기 위해서, 이동 중에 마주치게 되는 사람이나 낯선 개들의 접근에 비교적 둔감하게 반응하는 경우가 많았습니다.

반면 산에서의 시각적인 요소는 나무와 풀, 다람쥐나 청설

모 등의 야생동물, 나무와 낙엽 등이 전부이고, 그런 환경이 지속해서 반복됩니다. 이 때문에 반려견들은 반복되는 주변 환경을 보는 대신 온전히 후각 활동에 집중할 수가 있습니다. 그리고 배뇨나 배변을 하고 마음껏 뒷발질하기도 합니다. 환경에 조금만 변화를 줘도 반려견들은 자연스럽게 본능적인 행동들을 발산할 수 있습니다.

체력이 약한 노령 반려견은 산 대신 나무가 많고 사람과 개들이 거의 없는 공원을 가는 것도 좋습니다. 최대한 산의 환경과 비슷한 조건이면 됩니다. 낙엽이 많고 햇빛도 잘 드는 장소가 좋습니다. 이동하는 거리가 멀어서 반려견이 힘들어한다면, 목적지까지는 유모차나 백팩 등의 이동식 가방을 활용하여 움직이면 됩니다. 목적지에서 반려견을 내려주어 걷게 하고 돌아올 때는 다시 유모차나 이동식 가방을 활용하면 반려견의 체력소모를 줄일 수 있습니다. 더불어 보호자의 체력을 키울 수 있으니 일석이조(一石二鳥) 아닐까요?

3

이별 _
우리 가족이어서
너무나 고마웠어!

　지금 곁에 있는 반려견이 얼마나 오래 당신 곁에 머무를 수 있을까요? 15년, 17년, 아니, 20년 정도 살길 바라는 보호자도 있을 겁니다. 세계에서 가장 오래 살았던 개는 약 29년이 넘는 생을 살다 갔습니다. 사람의 나이로 치면 약 150세 정도를 산 셈입니다. 이렇게 장수하는 반려견의 소식을 종종 들을 수 있지만, 대부분 반려견은 대개 15년에서 20년 사이에 죽음을 맞이합니다.

　반려견이 우리 곁을 떠나는 순간 혹은 생사를 넘나드는 힘겨운 순

ESSAY

간에 당신은 어떤 말을 해야 할까요. 또한 어떤 행동을 보여주는 것이 반려견에게 도움이 될까요? 대부분의 보호자는 반려견이 죽음의 문턱을 넘나드는 순간에 눈물을 흘리며 인사를 건넬 것입니다. 이는 아주 자연스러운 행동이긴 하지만, 생사를 넘나드는 반려견에게 당신의 울부짖는 모습은 심리적으로 더 불안하게 만드는 요소일 수도 있습니다.

한 지인은 반려견 3마리를 제 수명이 다할 때까지 키우다 떠나보냈습니다. 지인이 어렸을 적부터 반려견과 함께 살아왔고, 바로 얼마 전까지도 반려견과 함께 생활한 것이지요. 오랫동안 반려견과 함께 살아왔던 만큼 반려견과의 이별의 순간에는 어떤 생각을 하고 대처하는지 궁금했습니다.

지인 또한 처음에는 반려견의 죽음 때문에 그 누구보다 힘들었습니다. 첫 반려견을 떠나보낸 뒤에는 집에도 들어가기 싫었고, 다시는 반려견을 키우지 않겠다는 다짐도 했습니다. 반려견이 죽음의 문턱을 넘나들 때, 너무나도 슬퍼서 눈물 콧물을 흘리면서 통곡했던 기억이 머릿속을 떠나지 않았습니다.

시간이 흐르고 큰마음을 먹고 맞이한 두 번째 반려견은 유기견이었습니다. 입양할 때부터 나이가 있어서 6년 정도만 함께 하다가 무지개다리를 건넜습니다. 두 번째 반려견을 떠나보낼 때는 첫 번째 반려견을 떠나보낼 때보다는 심적으로 준비를 할 시간이 많았기 때문에 너무 많이 울지 않고, 가족들이 모두 모여 반려견에게 한마디씩 인사를 나누어 주었답니다. 그동안 우리 가족으로 함께 해주어서 너무나 고마웠고, 사랑한다고 말입니다.

세 번째 반려견도 크게 다르지 않았습니다. 앞선 두 번의 이별과 다른 점이 있다면 좀 더 의연하고 차분해졌달까요. 이별 인사를 나누었고, 조금이라도 웃으며 보낼 수 있었다고 합니다. 무지개다리를 건너는 반려견이 뒤돌아볼 때, 울고 있는 자신의 모습을 보여주기 싫어서 조금이라도 웃었다고 합니다. 이 이야기를 듣고서 저는 반려견과 이별하는 순간에 보호자는 어떤 말과 행동을 보이면 좋을지 많은 생각을 하게 되었습니다.

반려견이 세상을 떠나는 순간은 대개 고통이 동반되기도 합니다. 그로 인해 반려견은 이미 심리적으로 불안한 상태인데, 곁에 있는 보호자마저 이성을 잃는다면 반려견은 더욱 불안해질 것입니다. 보호자의 역할은 반려견을 조금이라도 더 편안하게 보내주는 것입니다.

ESSAY

너무나도 슬픈 순간이지만 진정 반려견을 위한 것이 무엇인지 생각해야 합니다.

반려견의 죽음에 의연해지자는 말을 하고 싶은 것이 아닙니다. 반려견이 죽음의 문턱에서 사경을 헤맬 때, 보호자로서의 역할을 하지 못하고 슬픔에만 잠겨 오열하며 떠나보낸 뒤에 오는 절망감과 죄책감이 얼마나 후회스러운 일인지 조금이나마 생각해보자는 이야기입니다.

반려견이 무지개다리를 건너는 순간, 마음속의 진심을 담아 반려견에게 말해주세요. 이때만큼은 그간 마음속으로만 간직했던 말들을 직접 귀에다 대고 말해주세요. 그리고 따뜻한 손길로 반려견의 몸을 천천히 쓰다듬어 주길 바랍니다. 반려견이 건강했던 시절, 보호자와 함께 잠을 청하던 그때처럼 말입니다.

"나의, 우리 가족의 반려견으로 살아줘서 너무나 고마웠어."

"나에게, 우리 가족에게 많은 추억을 만들어줘서 고마워."

"넌 나에게, 우리 가족에게 최고의 반려견이자 가족이었단다."

"언제나 최고였고, 앞으로도 그럴 거야. 잊지 않을게, 사랑해"

반려견과 함께 보내는 지금 이 시간. 오늘도 내일이면 어제가 되고 하루가 지나면 과거가 됩니다. 반려견이 무지개다리를 건너는 순간은 반려견과 함께 살아가고 있는 사람이라면 누구에게나 찾아오는 순간입니다. 노령 반려견과 함께 살아가고 있는 분이라면 그 순간이 절망스럽지 않도록, 이별의 순간에 반려견이 슬퍼하지 않도록, 지금이라도 가끔 반려견이 곤히 잠들어 있을 때 반려견의 몸을 쓰다듬으며 진심 어린 한마디를 해주길 바랍니다.

PART 4

반려견의
죽음을
준비하는
방법

오늘만큼은
함께 보내는
밤

이런 이야기 들어본 적 있나요? 반려견은 자신이 언제 죽을지 안다는 이야기 말입니다. 그리고 반려견은 죽을 때 보호자에게 다가가거나 죽기 전에 마지막으로 보호자의 얼굴을 본다는 말도 있습니다. 이와는 반대로 반려견이 죽을 때 자신의 모습을 보이기 싫어서 보호자를 외면하고 피한다는 말도 있습니다.

과연 무엇이 맞는 말일까요? 결론부터 말하자면, 모두 일리 있는 말입니다. 동물행동학의 관점에서 객관적인 시각으로 바라보고 설명을 해야 할 것 같습니다. 우리와 함께 살아가고 있는 반려동물들도 한때는 야생동물이었습니다. 인간에 의해 가축화되었고, 오랜 시간 사람들과 함께 더불어 살아가는 데 필요한 행동 양식들을 익히긴 했지만, 본능적인 요소들은 여전히 강하게 남아 있습니다. 이 본능들은 변하지 않는 부분이기도 합니다.

개는 조상이 늑대였기 때문에 늑대의 행동 양식을 많이 물려받았습니다. 늑대는 평생 단 한 마리의 암컷과 짝을 이루고 자식들을 키우며 살아가는 사회적 동물입니다. 무리를 이루어서 살아가면서 부부가 함께 사냥하고 육아를 하며 살아갑니다. 자유로이 이동하면서 살아가는 여느 야생동물들과는 달리, 늑대는 자신들의 영역을 기반 삼아 살아갑니다. 이 때문에 외부 침입자가 나타나면 힘을 모아 영역을 지키기도 하고, 사냥도 함께 합니다. 부부의 금실만 좋은 것이 아니라, 구성원들

간의 무리 의식도 강한 것입니다. 우리의 반려견은 이러한 늑대의 습성을 물려받았습니다.

늑대를 포함한 여러 종류의 사회적 동물들은 무리 중 어떤 구성원이 죽음을 맞이하면, 이를 외면하지 않고 곁에 함께 있는 모습을 보입니다. 이는 동물들이 구성원의 죽음을 인지하고 있다는 것을 말해줍니다. 간혹 무리에서 늙고 병든 구성원은 자신으로 인하여 무리가 위험에 처할 수 있기 때문에 죽음이 임박하면 무리에서 스스로 이탈하기도 합니다. 모든 사회적 동물이 이런 모습을 보이는 것은 아니지만, 동물의 세계에서도 '죽음'이라는 개념이 존재하는 것을 분명 목격할 수 있습니다.

반려견들도 자신이 죽을 때가 임박하면, 때때로 그러한 행동을 보입니다. 잘 보이지 않는 구석진 자리로 가서 웅크리고 있거나 방석이나 하우스 안에서 잘 나오지 않기도 합니다. 이를 본 보호자는 반려견이 죽기 전에 가족과 정을 떼기 위해서 하는 행동으로 이해합니다. 보호자를 힘들게 하지 않게 하려고 반려견이 스스로 이런 행동을 한다고 생각하는 것입니다.

자는 동안 반려견에게
심리적인 위안을 주세요

한 지인이 예전에 반려견을 하늘나라로 떠나보냈던 이야기를 해주었습니다. 당시 반려견은 노령으로 인한 지병을 앓고 있었기 때문에 병원에서는 앞으로 길어야 한 달 정도의 시간이 남았다고 이야기했었답니다. 남은 시간 동안 보호자는 평소 반려견이 좋아했던 음식을 원 없이 챙겨주고, 매일매일 반려견을 쓰다듬고 안으며 너무나 사랑한다고, 고마웠다고 말하는 것 외에는 달리할 수 있는 것이 없었다고 합니다.

그렇게 매일매일 반려견을 정성껏 보살피던 어느 날 밤, 꿈에 반려견이 나왔다고 합니다. 아침에 일어나서 살펴보니 반려견은 걱정했던 것과는 다르게 잘 있었다고 합니다. 그날 하루도 다른 날과 다름없이 퇴근하고 반려견을 보살피면서 저녁 시간을 보냈는데, 그날따라 보호자는 반려견과 함께 이불 속에서 자고 싶은 마음이 문득 들었습니다. 평소에는 반려견은 반려견의 집에서, 보호자는 침대에서 잤지만, 그날따라 오래 고민할 정도로 반려견과 함께 자고 싶었답니다. 고민 끝에 늘 해오던 대로 반려견과 떨어져서 자고 일어났는데, 밤사이 반려견은 무지개다리를 건너고 말았습니다. 보호자는 반려견을 자신의 품에서 보내주지 못해 너무나도 후회스럽다고 했습니다. 반려견이 죽기 전날 자신의 꿈에 나온 것도 우연이 아니라, 반려견이 자신의 죽음을 예견했기 때문이라고 생각하고 있었습니다.

반려견의 죽음에 대해서 어떻게 생각하고 있나요? 위의 사례처럼 반려견은 자신의 죽음이 임박하면 보호자에게 어떤 신호를 보낼 것이라고 생각하나요? 때에 따라서는 그럴 수도 있다고 생각합니다. 반려견과 보호자는 함께 십수 년을 살아 온 삶의 동반자로서, 많은 순간 교감을 했습니다. 반려견의 죽음의 순간에도 보호자와 반려견은 교감할 수 있을 것입니다.

반려견에게 남은 시간이 많지 않으면, 가급적 반려견이 잠을 잘 때는 곁에서 있어 주세요. 일부 반려견은 짐이 되기 싫어서 보호자에게서 떨어지려 한다거나, 잘 보이지 않는 구석 등지로 들어가려고 할 수도 있습니다. 이럴 때는 반려견을 억지

로 곁에 두는 것보다 반려견이 머물고 있는, 잠을 청하는 장소에서 함께 잠을 자는 것이 좋습니다.

함께 잠을 자면 반려견의 숨소리를 들을 수 있기 때문에 위급상황을 빠르게 판단하고 대처할 수 있습니다. 또한 반려견이 배변 문제 등으로 인해 새벽에 잠에서 깨어나면 곁에서 도움을 줄 수도 있습니다. 반려견은 잠을 자다가도 심리적으로 불안해서 깨어나기도 하는데, 이때 곁에 보호자가 있다면 반려견에게 심리적으로 큰 위안이 됩니다.

반려견은 자신의 죽음이 가까워지면 평소에 잘 하지 않던 행동을 합니다. 보호자의 곁에서 떨어져 있으려 하는 것 외에도 보호자의 얼굴을 오랫동안 쳐다보거나, 앞이 잘 보이지 않는 반려견은 보호자를 찾으러 여기저기 냄새를 맡고 허공을 두리번두리번하기도 합니다. 이런 모습들은 반려견과 함께 보낼 수 있는 시간이 얼마 남지 않았다는 것을 의미합니다. 이 시기에 보호자가 할 수 있는 최선은 반려견의 곁에서 함께 잠을 청하는 것입니다. 반려견에게도 그것이 가장 고마운 일일 것입니다.

'안락사'를 이야기하기

나이가 아주 많은 반려견과 함께 살아가다 보면 한 해가 갈수록 아니, 하루하루가 지날수록 반려견의 건강 상태가 점점 더 악화하는 것을 느낄 수 있습니다. 초고령 반려견과 함께 사는 보호자들을 가끔 보게 되는데, 그들은 하루하루를 정말 소중하고 각별하게 여깁니다.

15살이 넘은 초고령 반려견은 노화로 인해 움직임이 불편하기도 하고 종종 대소변을 실수하기도 하며, 이따금 발작 증세를 보이기도 합니다. 병이 생겨 몸이 아플 때는 잘 때 신음을 내면서 자는 반려견들도 있습니다. 사랑하는 반려견이 고통스러워하는 모습을 보면서, 아무것도 해줄 수 없는 자신을 보면서 보호자들도 이루 말할 수 없는 괴로움을 겪습니다.

이런 상황에서 보호자들은 한 번쯤 고민할 것입니다. '안락사'에 대한 이야기입니다.

"안락사는 좀 아닌 것 같아요, 우리가 그들의 생명을 결정할 권리가 있나요?"

안락사에 대해 다소 부정적인 시각을 가진 사람들은 비록 반려견의 보호자라고 할지라도 반려견의 생명을 결정할 권리는 없다고 생각합니다. 반려견의 생명이 다할 때까지 곁에서 지켜주어야 한다는 의견입니다. 그런데도 반려견이 고통스러워할 때마다 그 고통을 조금이라도 덜어주어야 하는 것은 아닌지 고민하는 것도 사실일 것입니다. 몸이 불편하고 아픈 반려견이 언제 어떻게 무지개다리를 건널지 모르기 때문에, 집에 반려견만 남겨 두고 나왔을 때는 늘 신경이 쓰이고 불안하기도 합니다. 실제로 반려견의 마지막을 지키지 못한 많은 보호자는 마지막 인사를 나누지 못하고 보낸 아쉬움과 반려견이 떠나는 마지막 순간에 함께 있어 주지 못했다는 죄책감에 시달립니다.

"시간이 지나면 점점 더 병들고 아플 텐데, 조금이라도 고통을 덜어주는 것이 반려견을 위한 선택이지 않을까요?"

안락사에 대해서 다소 긍정적인 시각을 가진 사람들은 반려견이 아프고 병들어 고통받는 상태를 지속하는 것이 오히려 반려견을 더 힘들게 하는 것으로 생각하는 경우가 많습니다. 또한 안락사를 통해 반려견이 떠나는 마지막 순간에 온 가족이 함께 모여, 마지막 인사를 충분히 나눌 수 있다는 사실을 소중하게 여깁니다.

반려견에게도
삶의 질이 존재합니다

현재 국내에서는 보호자가 안락사를 원한다고 해서 무조건 할 수 있는 것은 아닙니다. 수의사가 죄책감을 느끼거나 다른 이유로 안락사를 거부할 수 있기 때문입니다. 또한 안락사를 시행하는 곳이라도 수의사, 전문가들이 반려견의 상태를 신중하게 판단하여 안락사를 권고하고, 보호자도 이에 동의하는 경우에만 안락사를 시행하고 있습니다. 안락사의 방법과 절차, 그리고 비용 등도 안락사를 시행하는 동물병원마다 다르기 때문에 자세한 것은 동물병원의 수의사에게 상담을 받아 보는 것이 좋습니다.

해외도 우리나라처럼 반려견의 안락사에 대한 기준이 명확히 정해져 있진 않습니다. 대신 안락사를 권고할 수 있는 반려견의 선정 기준에 대한 가이드가 있습니다. 미국동물애호협회인 '휴메인 소사이어티'(HSUS, the Humane Society of the United States)는 다음과 같이 안락사를 권고할 수 있는 경우를 명시해

놓았습니다.

: 입양가능성 :

유기동물 보호소에서 해당 동물을 더 수용할 수 있는 여건이 되지 않고 입양을 할 가정이 없는 경우

: 치료가능성 :

보호소에서 치료할 수 있는 여건이 되지 않고 치료할 장소나 그 시간이 허용되지 않는 경우

: 전염병 보균 :

다른 동물들에게 전염될 수 있는 질병을 가진 경우. 전염병으로 인한 질병의 증상 때문만이 아니라 보호소의 다른 동물들에게 전염될 수 있는 경우

: 신체 상태 :

신체가 허약하거나, 너무 늙었거나, 말랐거나, 전반적으로 신체의 건강 상태가 좋지 않은 경우. 입양 후에 의료보호가 필요하므로 제대로 잘 입양이 될 가능성이 없는 경우

: 연령 :

젖을 떼기 전의 아주 어린 새끼로서 보호소에서의 생존 가능성이 희박한 경우. 임시 보호처의 부재와 보호소에서 보살피기에는 보호소의 인력이 지나치게 소모되는 경우

: 견종 :

일반 가정에서의 사육이 금지된 견종이나 지역 사회에 위협이 되는 견종인 경우. 해당 견종을 수용할 수 있는 다른 보호소로 이전이 불가능한 경우

: 행동 장애 :

아무거나 씹거나, 아무 곳에나 배변을 보거나, 격리 공포증을 갖고 있거나, 소심하거나, 자해 증상을 보이거나 사회성이 결여된 경우. 적절한 훈련으로 행동 장애를 교정하고 사회성 회복이 가능한 생활을 할 수 있는 여건을 갖춘 입양처가 없는 경우

: 철장 안 스트레스 :

보호소의 철장 안에 장기간 수용되어서 과다한 스트레스로 행동 이상을 보이는 경우. 해당 동물이 더 이상의 고통을 받지 않도록 하기 위하여

: 공간 여유 :

입양의 가능성은 있으나 케이지 수용 공간이 부족하여 새로이 수용된 동물을 위해 케이지를 비워 주어야 하는 경우. 보호소의 수용 공간이 한정되어 있고 입양처가 부족하여 보살핌이 필요한 다른 동물을 위해 부득이한 경우

: **입양부적합** :

고양이의 백혈병(feline leukemia)같이 재활할 수 없는 심각한 상태의 경우. 보호소의 여건이 허락하고 입양처가 있다고 하여도 안락사가 최선의 선택인 경우

: **동물의 종류** :

반려동물로 적합하지 않은 동물인 경우. 보호구역으로의 방생이나 기타 별도의 선택 여지가 없는 경우

: **치료 불가** :

치료할 수 없는 질병, 상해, 구제가 불가능한 만성질환, 기타 심각한 의료 상태인 경우. 동물에게 계속되는 고통을 중단하기 위한 방법으로서 시행

: **성격 장애** :

지나치게 소심하고 겁이 많으며 스트레스를 받는 경우. 이러한 경우 대개 성공적인 입양이 불가능하고 새로운 환경에 적

응하지 못하므로 안락사 고려

: **공격 성향** :

공격적인 성향을 지니고 다른 동물이나 사람을 공격한 적이 있는 경우. 인도적인 차원에서 다른 동물과 사람들의 안전을 위하여 대개 안락사 시행

: **야생 또는 사회성 결여** :

해당 동물이 사람이 다루어본 적이 없는 동물이고 또 다룰 수가 없는 동물인 경우, 또는 보호소 환경에 적응을 못 하는 경우. 사회성 회복의 가능성이 없을 때 대개 안락사 시행

: **법원의 명령** :

법원 등에서의 명령이 있는 경우. 법원의 명령을 준수하기 위해 시행

이처럼 안락사 권고 및 시행할 수 있는 경우 대부분은 유기

동물 보호소에서 일어나는 상황에 해당하는 경우가 많습니다. 우리에게 해당하는 사항은 주로 '치료 불가'에 해당하는 경우일 것입니다. 더 치료가 불가능하더라도, 안락사가 공식적으로 권고되고 있더라도 막상 선택하기는 쉽지 않습니다. 어떤 선택이든 그 이유와 근거는 타당합니다.

> 치료를 통해 살 가능성이 적더라도 안락사 적용은 신중해야 한다.
> 반려견은 마지막 순간까지
> 보호자와 함께 하고 싶어 할 것이기 때문이다.
>
> VS
>
> 사람과 마찬가지로 반려견에게도 삶의 질이 있다.
> 더 이상의 치료가 불가능한 상태의 반려견에게 안락사를 통해
> 고통을 덜어주는 것도 반려동물을 위한 보호자의 선택이다.

> 고통 받는 반려견을 위해 안락사를 한 보호자 중에는
> 후회와 자책감을 호소하는 경우가 많다.
> 그로 인하여 우울증 등의 후유증까지 겪기도 한다.
>
> VS
>
> 고통 받는 반려견이 조금이나마 편하게 떠날 수 있었는데도 불구하고
> 그렇게 해주지 못한 것에 대해서 후회와 자책감을 느끼는 경우가 많다.
> 그로 인한 우울증 등을 겪기도 한다.

대다수의 많은 보호자는 '안락사'라는 단어 자체에 거부감을 느끼곤 합니다. 일단 안락사라는 단어가 가족에게서 버려져서 유기견이 되고, 결국 보호소로 가게 된 강아지들을 떠올리게 하기 때문입니다. 그러한 맥락에서 '안락사'라는 단어가 등장하기 때문에 무조건 부정적으로 보는 시각이 존재하는 것 같습니다.

그러나 우리나라도 이제는 반려동물에 대한 인식을 선진국 수준까지 확실히 이끌어야 할 때라고 생각합니다. 이를 위한 방법 중 하나가 바로 안락사에 대해 활발히 이야기하는 것입니다. 반려견은 이제 많은 사람의 가족 구성원으로서 함께 살

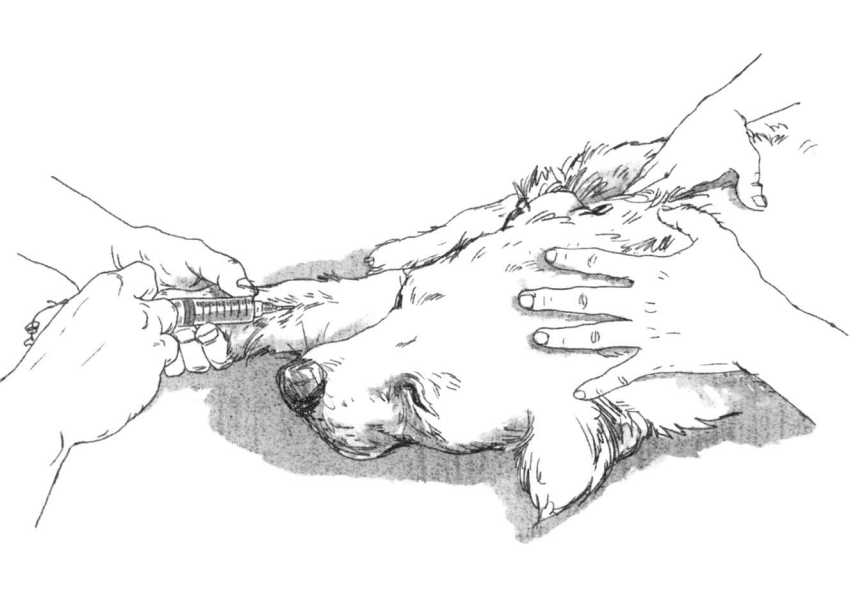

아가고 있고, 그들에게도 삶의 질이 존재하기 때문입니다.

수의학의 발달과 사료, 간식 등 풍부한 먹거리의 발달로 인하여 반려견의 수명은 점점 늘어나고 있습니다. 앞으로는 노령 반려견을 넘어서서 초고령견과 함께 살아가는 보호자가 점점 늘어날 것이고, 우리 주변에서도 그런 반려인들을 흔히 볼 수 있는 시대가 찾아올 것입니다. 그들과 그들을 지켜보는 우리에게 반려견의 죽음, 이별의 순간은 이제 먼 미래의 이야기가 아닌 당장 현실로 와 닿는 문제일 것입니다. 반려견과의 마지막 순간, 이별하는 그 시간이 어떠하면 좋을지 한번쯤 생각해 보았으면 합니다.

반려견과의
마지막 시간,
장례 절차

우리 모두 언젠가는 반려견을 떠나보내야 합니다. 반드시 찾아오는 이별의 순간, 더 나아가 이별의 방식에 대하여 충분히 생각해 볼 필요가 있습니다. 반려견과의 이별의 순간이 찾아오면, 이성적인 판단을 하지 못할 수도 있기 때문입니다. 너무

나도 소중했던 가족의 일원이 죽었기 때문에 어찌 보면 그것은 당연할지도 모르겠습니다.

내 곁에서 늘 함께해 주었던 반려견을 잘 떠나 보내주는 것, 그것도 보호자의 역할입니다. 요즘은 반려견이 세상을 떠나면 장례를 치러주는 보호자가 늘어나면서 반려동물의 장례를 전문으로 하는 업체들이 많이 생겼습니다. 그 반대로 화장을 장려하는 사회적 풍토와 더불어 반려견의 유골을 납골당에 안치하여 사후관리를 해주는 업체들이 늘어났기 때문에 반려동물 장례 서비스를 이용하는 사람들이 증가하고 있기도 합니다. 반려견이 죽으면 어떤 경로를 통해서 어떻게 장례가 이루어지는지 그 절차에 대해서 한번 알아보도록 하겠습니다.

1. 반려견 사체 운구

반려동물 장례 업체에 장례 절차를 의뢰하면 장례 지도사 또는 업체의 직원이 영구차를 몰고 보호자의 자택에 방문합니다. 반려견의 사체를 반려동물 장례식장으로 운구합니다.

2. 염습 및 수시

염습은 반려견의 사체를 깨끗하게 씻긴 후 수의를 입히는 절차입니다. 반려견의 사체에 수의를 입히는 것은 추가 비용이 발생하기 때문에 대개 보호자의 선택사항이기도 합니다. 수시는 반려견의 굳은 몸을 곧고 바르게 편 채, 코, 입, 항문 등의 이물질을 제거하는 과정입니다. 교통사고 등 사고사로 죽은 반려견의 경우에는 상처 부위를 바늘로 봉합하여 최대한 생전의 모습으로 복원합니다. 또한 알코올을 사용하여 털을 깨끗이 씻기고 가지런히 합니다.

3. 입관

입관은 반려견의 사체를 관에 넣는 절차입니다. 반려견의 사체를 관 속에 가지런히 눕히고, 보호자는 잠시 시간을 갖습니다. 반려견을 화장하기 전에 반려견에게 마지막으로 전하고 싶은 말이나 기도를 하는 마지막 시간입니다.

4. 화장 및 유골 수습

반려동물의 사체를 불에 태우고, 그 후에 나온 유골을 수습하여 보관함에 담는 절차입니다. 보호자의 희망 여부에 따라 사체를 화장만 하는 경우도 있고, 화장 뒤에 장례 업체에서 보유하고 있는 납골당에 반려견의 유골을 안치하기도 합니다. 화장 후에 나온 반려견의 유골을 고온 처리하여 '스톤' 등으로 가공하여 목걸이나 팔찌 등으로 제작할 수도 있습니다.

반려견이 죽으면 장례 업체를 통해 위와 같은 과정을 거쳐 사체를 처리하는 것이 현재 가장 보편적인 사후 처리 방식입니다. 이 과정을 따르지 않는 사람 중 일부는 종량제 쓰레기봉투에 사체를 담아 버리기도 합니다. 가족의 일원이었던 반려견을 쓰레기봉투에 담아서 버린다는 것이 상식적으로 도저히 납득이 가지 않지만, 현행 폐기물관리법은 반려동물의 사체 역시 일반 생활 쓰레기처럼 '폐기물', '물건'으로 간주하여 종량제 봉투에 담아서 버려도 처벌을 할 수 없습니다. 폐기물관리법이 반려동물의 사체 투기를 조장한다는 지적이 나올 만합니다.

실제로 우리나라에서는 한 해 약 15만 마리의 반려동물 사체가 발생하고 있습니다. 수치상으로 하루에 약 4백 마리가 넘는 숫자입니다. 반려동물 장례를 전문으로 하는 공식 업체는 전국적으로 약 24곳 정도입니다. 이 24곳의 장례업체가 3만여 마리의 사체를 처리하는 것입니다. 나머지 12만 마리는 민간 소각장에서 처리되거나 야산 또는 길거리 등에 버려지고 있습니다.

현재 국내에서는 자기 소유의 땅이라 할지라도 반려동물의 사체를 매장할 수는 없습니다. 그렇다고 해서 자신의 사유지에 반려동물의 사체를 매장 하더라도 실정법상 처벌규정이 없습니다. 장례 업체를 이용할 수 없는 경우에는 일정 금액의 돈을 동물병원에 지급하고 사체를 맡겨서 위탁 처리하는 것이 그나마 현실적인 대안입니다.

반려견의 마지막을
배웅해야 할 의무가 있습니다

해외의 반려동물 장례 문화는 비슷한 듯 다릅니다. 우선 일본의 반려동물 장례 문화는 우리나라와 비슷합니다. 반려동물의 사체는 생활폐기물 처리업체가 수거하거나, 보호자가 장례 업체에 위탁하여 화장합니다. 반려동물의 사체는 1구당 수수료(가와구치 시의 경우 약 5천4백 엔 정도, 원화로 5만5천 원)를 징수하고 동물사체소각시설에서 별도로 처리되고 있습니다.

중국의 경우 매년 1천만 마리 이상의 반려동물 사체가 처리되고 있으며, 2008년부터 시행된 '중화인민공화국동물방역법'에 따라 죽은 반려동물의 사체를 함부로 버리지 못합니다. 매장, 화장, 수목장, 박제 등 반려동물의 사체를 다양한 방법으로 처리하고 있으며 화장의 경우 소형견은 1백 위안(원화로 1만7천 원), 중·대형견은 2~4백 위안(원화로 3만4천~6만8천 원) 정도의 비용이 발생합니다.

프랑스에는 사설 장례식장과 공공 장례식장이 있습니다. 사설 장례식장은 화장 처리된 반려동물의 유골을 보호자에게 반환해 주지만, 공공 장례식장에서는 유골을 반환해주지 않는다고 합니다.

　미국에서는 반려동물이 죽었을 경우, 사망신고를 합니다. 반려동물 장례식장은 주 정부에서 관리하는 경우가 있으며, 반려동물 장례 업체에서는 각종 종교의식, 보호자 심리상담, 기념비 제작 등의 서비스를 제공하고 있습니다. 보호자의 집 마당 등에 매장하는 경우도 있는데, 매장을 하기 위해서는 동물의 크기에 맞는 관과 묘지 등의 비용으로 평균 2~3만 달러 정도가 발생한다고 합니다. 이는 동물병원을 통해서 화장할 때 드는 비용보다 10~15배 정도 더 비싼 편입니다. 동물병원에서 화장하는 비용은 반려동물의 몸무게 또는 동물병원마다 차이가 있지만 25파운드(약 11kg 이하) 이하의 반려견일 경우 대략 180달러(약 19만 원) 정도의 기본비용이 발생합니다. 그래서인지 미국에서는 매장보다는 화장을 더 선호한다고 합니다. 2017년 기준 미국 내 반려동물 묘지 및 화장 시설이 약 750개 정도로 추정되고 있습니다.

반려견을 떠나보내는 순간, 어떤 모습으로 반려견을 배웅하는 것이 좋을까요. 어떠한 선택을 하든 각자 나름의 이유가 있을 것입니다. 한 가지 분명한 것은 함께 십수 년을 살아온 가족으로서 반려견의 마지막을 배웅해야 하는 의무가 우리에게 있다는 사실입니다. 오랜 시간 우리와 함께했었던, 늘 우리의 기쁨과 슬픔도 함께 했었던 존재를 떠나보내는 이별의 순간, 그 이별이 아름답길 바랄 뿐입니다.

생각하면
울컥 눈물이…
펫로스 증후군

펫로스 증후군(Pet Loss Syndrom)

가족의 일원이었던 반려동물이 죽거나 사라진 후 생기는 상실감, 슬픔, 괴로움, 고통 그리고 이로 인해 발생하는 정신적 장애. 다른 말로 '반려동물상실 증후군'이라 부르기도 한다.

반려동물과 함께 생활하는 사람이건 아니건 많은 사람이 '펫로스 증후군'이라는 용어를 한번쯤은 들어 보았을 것입니다. 십수 년을 가족처럼 함께 지냈던 반려동물을 떠나보낸 후 많은 사람이 정신적, 신체적 고통 등을 겪게 되기 마련인데, 이러한 증상은 평균적으로 2~3개월 정도가 지나면 사라지는 것이 일반적입니다. 그러나 심하면 그 이상의 기간이 지나더라도 감정이 가라앉지 않는 경우도 많습니다. 심지어 6개월이 지나도 정상적인 일상생활이 불가능할 정도로 힘들어하는 사람들도 있고, 반려동물의 상실로 인해 가족 구성원 간의 불화가 생기는 경우도 있습니다. 극단적인 사례이긴 하지만 슬픔을 못 이겨 자살을 시도하는 사람도 있습니다.

　이처럼 펫로스 증후군 때문에 많은 사람이 힘들어하고 있지만, 그에 대한 사회적 지지가 부족한 것이 현실입니다. 반려동물의 죽음으로 인한 슬픔을 회사 동료나 친구, 지인들조차 이해하지 못하는 경우가 많습니다. 더 나아가 반려동물을 잃고 슬퍼하는 모습을 나약하게 보고, 그깟 반려동물 하나 죽은 것으로 유난을 떤다고 말하며 상처를 주기도 합니다. 자신의 슬품을 알아주지 않고 위로받지 못한다는 사실에, 가족을 잃은 보호자들은 또 한 번 상처를 받습니다.

  반려견을 떠나보낸 반려인은 다양한 감정, 신체적 변화를 겪게 됩니다. 시도 때도 없이 눈물을 흘리고, 울음을 터뜨리며 통곡하기도 합니다. 맛있는 음식이 앞에 있어도 먹고 싶은 마음이 생기지 않고, 밤에는 잠도 잘 못 잡니다. 감정적으로는 상실, 고독, 슬픔, 그리움, 분노, 죄의식, 자책감, 불안감 등을 겪습니다.

: 반려동물의 죽음 이후 시간 별 반응 :

증상	초기(%)	6개월(%)	1년(%)
울음	73.6	10.3	5.7
우울감	56.9	9.8	4.6
고독감	52.3	14.4	7.5
죄책감	51.1	11.4	7.5
목메임	43.7	9.2	6.3
반려동물과의 추억에 집착	35.1	12.1	9.2
분노	30.5	8.0	4.6
고통	28.2	5.2	1.7
안도감	19.5	1.1	0
혼자 있고 싶음	18.4	3.4	1.1
실패감	17.5	5.7	2.9
식욕부진	16.1	1.7	0.6

출처_ Thomas A. Wrobel & Amanda L. Dye,
"Grieving Pet Death: Normative, Gender, and Attachment Issues" Omega 47(2003)

 반려견의 죽음 이후에 시간이 지나면서 보호자들이 느끼는 감정들에 대한 연구결과에 의하면, 반려동물이 죽고 난 초기에는 대부분의 보호자는 우울, 고독, 죄책감을 느끼는 경우가 많습니다. 늘 곁에 있어 주던 반려동물이 사라지면서 밀려오는 공허함과 슬픔의 감정이 공통으로 나타납니다. 반려견이 죽은 후 6개월 정도 지나면 보호자들은 고독감을 가장 많이 느낀다고 합니다. 그리고 1년 정도가 지났을 때는 '반려동물과의 추억에 집착'을 하는 경우가 가장 많은 것으로 나타났습니다. 세상을 떠난 반려견의 사진, 영상 등을 보기도 하고, 반려견의 유골이 안치된 납골당 등에 방문하며, 생전의 반려견과 함께 했던 많은 추억을 되새겨보는 것입니다.

그들은 최근 가족을 잃었습니다

반려견이 세상을 떠났을 때, 보호자는 오랜 시간에 걸쳐 다양한 감정을 느끼고 행동합니다. 곁에서 보기엔 아무렇지 않아 보이는 사람도 있고, 정상적인 일상생활로의 복귀가 힘들어 보이는 사람도 있습니다. 그들이 어떠한 모습을 하고 있든, 그들은 최근 가족을 잃었으며 그로 인한 슬픔이 크다는 점을 잊지 말아야 합니다. 또한 같은 가족 구성원일지라도 사람이 세상을 떠난 것과는 분명히 다른 양상을 보이기 때문에 각별한 관심을 기울여야 합니다. 그들이 펫로스 증후군을 극복하기 위해서는, 주변 사람들의 관심과 위로가 절대적으로 필요합니다. 만약 지금 펫로스 증후군으로 인해 고통받고 힘들어하는 사람이 주변에 있다면, 다음과 같이 대처할 수 있도록 조언해 주는 것이 좋습니다.

: **반려견의 죽음을 주변 사람에게 알리기** :

세상을 떠난 반려견이 자신의 삶에서 어떤 존재였는지, 얼마나 소중한 존재였는지 그 누구도 이해할 수 없을 것 같지만, 사람들을 만나서 이야기를 나누면서 눈물을 흘리고, 위로도 받으면 마음이 한결 가벼워질 것입니다. 사람들은 반려견을 잃은 슬픔은 이해하지 못하더라도, 당사자가 현재 힘든 상황에 있다는 것을 인지하고 도와줄 것입니다.

: 반려견과의 추억이 깃든 장소에 다시 가보기 :

반려견과 함께 즐거웠던 때를 상기하는 것이 오히려 더욱 슬픔을 느끼게 하는 것은 아닐까 생각할 수 있습니다. 생전의 반려견과 함께 다녀왔던 장소를 다시 가보면 떠나간 반려견의 빈자리가 느껴지겠지만, 여행을 통해서 반려견과 함께 살아온 시간 속 자신의 삶을 돌아볼 수 있습니다. 여행하는 동안 휴식을 취하면서 앞으로 반려견 없이 살아갈 자기 삶의 계획을 세워보는 것도 좋을 것입니다.

: **반려견이 사용하던 물품 정리, 기부하기** :

생전의 반려견이 사용하던 방석, 하우스, 급식기 등이 늘 제자리에 놓여 있다면, 집에 귀가할 때 또는 집 안에서 움직일 때마다 마주치기 마련입니다. 그때마다 떠나간 반려견의 빈자리가 크게 느껴질 것입니다. 반려견이 생전에 사용하던 물품들을 한꺼번에 치우는 것도 그리 나쁘진 않겠지만, 휴일 오후 등의 한가한 시간 등을 활용하여 집 안을 청소하면서 하나씩 하나씩 따로 보관해보는 것도 좋습니다. 보관하기가 어렵다면, 유기견 보호소나 동물보호단체 등에 기부하는 것도 좋은 방법입니다.

: 펫로스 관련 모임, 정보 찾아보기 :

반려동물을 떠나보내고 펫로스 증후군으로 인해 힘든 시기를 보내고 있는 사람들의 모임을 찾아보고, 온라인상에서 친분을 쌓은 사람들과 오프라인 모임을 가져 보세요. 각자마다 다른 사연을 지닌 사람들과 반려견들의 이야기를 듣다 보면, 서로 위안이 될 것입니다. 오프라인 모임 등에 나가는 것이 꺼려진다면, 온라인 커뮤니티 등에서 펫로스 증후군을 극복한 사례들을 찾아보고, 실천해 보세요.

: 반려견의 죽음을 기리기 :

사람이 세상을 떠나면 기일을 기리듯이 반려견의 죽음을 추모하는 것도 펫로스 증후군을 이겨내는 데 도움이 될 수 있습니다. 반려견이 떠난 날을 기릴 때는 특별한 양식이나 격식을 따지지 않아도 됩니다. 간단한 손편지 등을 적어서 반려견이 잠들어 있는 곳에 전하는 것만으로도 큰 위안이 될 수 있습니다. 또한 반려견의 죽음을 충분히 슬퍼하고 추억을 간직하는 데 도움을 주기도 합니다.

아직 우리나라는 펫로스 증후군으로 인하여 고통 받는 사람들을 위한 정보나 지원이 많이 부족한 실정입니다. 그렇기 때문에 보호자들은 반려견의 죽음으로 슬프고 힘든 자신의 상황을 주변 사람들에게 알리는 것을 부담스러워합니다. 그로 인해 슬픔에서 빠져나오는 데 더 오래 걸리거나 사회적으로 고립되어 일상생활을 무기력하게 보내는 사람들이 많습니다.

펫로스 증후군은 비단 남의 일만은 아닙니다. 반려견과 함께 생활하고 있는 사람이라면 누구에게나 찾아올 수 있는 슬픔입니다. 그렇다고 펫로스 증후군이 이겨낼 수 없는 슬픔도 아닙니다. 우리 주변에 반려견의 죽음으로 인해 슬픔에 빠진 사람이 있다면, 옆에서 따뜻한 말 한마디만이라도 건네길 바랍니다. 그것이 큰 힘이 되어줄 것입니다.

그리움을
새 반려견으로
잊으려 한다면

동물보호단체에서 일할 당시 유기견의 구조, 훈련, 입양가정 방문 등의 일을 했습니다. 입양센터에는 하루에도 10명 가까운, 어느 날에는 10명이 넘는 사람들이 방문합니다. 사람들은 제각기 다른 이유로 입양센터를 방문했습니다.

- 현재 키우고 있는 반려견이 혼자 외롭고 심심할까 봐
- 반려견이 나이가 들면서 점점 활력이 줄어들고 외로워하는 것 같아서
- 반려견을 키우게 된다면, 유기견을 입양하여 키우고 싶어서
- 은퇴하고 집에 혼자 있는 시간이 많아지고, 자녀들도 다 출가하여 외롭고 허전해서
- 반려견을 키우기 좋은 전원주택 등지로 이사를 해서
- 내가 아니면 유기견을 입양할 사람이 없을 것 같아서
- 입양공고에 난 유기견이 전에 키우던 반려견의 모습과 너무도 닮아서
- 떠나간 반려견의 빈자리로 인해 외롭고 힘들어서

이 외에도 유기견을 입양하려는 여러 가지 이유가 있지만, 여기서는 먼저 떠나보낸 반려견의 빈자리가 허전해서, 그로 인한 외로움을 이겨내기 위해 또 다른 반려견을 입양하는 것에 관해 이야기하고자 합니다. 무지개다리를 건넌 반려견의 그리움을 새로운 반려견의 입양으로 잊으려 하는 것에 대해서 말입니다.

20년이 넘도록 반려견과 함께 생활하고 있는 지인은 키우던

반려견이 떠나고 몇 년 후 두 번째 반려견을 입양해서 키웠고, 두 번째 반려견도 마찬가지로 하늘나라로 떠난 후에는 몇 년이 아닌 몇 개월 후에 세 번째 반려견을 입양하여 키웠습니다. 새 반려견을 입양하는 기간이 점점 짧아진 것이지요.

첫 번째 반려견이 죽은 뒤에는 다시는 반려견을 키우지 않겠노라고 다짐을 했을 것입니다. 몇 년이 지나고 나서야 반려견을 또 키울 수 있을 거라는 자신감이 생겼기 때문에 두 번째 반려견을 입양했을 것이고요. 이 짐작대로 지인은 그 자신감을 바탕으로 한때는 유기견이었던 세 번째 반려견도 입양할 수 있었다고 합니다.

처음 반려견을 키우고, 그 반려견이 세상을 떠나고 나면 보호자는 두 번 다시는 반려견을 키우지 않겠다고 다짐하는 경우가 많습니다. 그만큼 반려견의 죽음으로 인한 슬픔과 고통이 크고 함께했던 때를 보호자 홀로 추억해야 하는 시간이 괴롭기 때문입니다. 그러나 시간이 지나면 상처는 치유되기 마련입니다. 그리고 많은 분들이 새로운 반려견을 입양합니다. 반려견과 함께 하는 두 번째 삶이 시작되는 것이죠.

새로운 반려견을 입양한다면
이것만은 꼭 고민해주세요

세상을 떠난 반려견을 가슴에 묻고 이제 새로운 반려견을 입양하고자 할 때, 한 번쯤은 깊이 생각해야 할 것들이 있습니다. 물론 반려견을 키운 경험이 있기 때문에 어떻게 하면 반려견을 잘 키울 수 있는지, 무엇을 해줘야 할지 등 보호자가 해야 할 것에 대한 지식은 충분히 있을 것입니다. 처음 반려견을 입양할 때는 그런 지식에 초점을 맞춰 공부했다면, 두 번째 반려견을 입양할 때는 반려견 그 자체에 집중하여 고민해야 합니다.

: 유년기 시기의 강아지를 입양할지,
다 자란 성견을 입양할지 :

어린 강아지를 입양하는 것과 이미 다 성장한 성견을 입양하는 것은 정말 다른 상황입니다. 어린 강아지는 성견보다 신경 써 주어야 하는 부분도 많고, 성견과는 다른 행동 양식을 보이기 때문입니다.

처음 입양할 때 강아지를 받아들였다면 두 번째에도 유년기 시기의 강아지를 입양하는 것을 추천하고, 다 자란 성견을 입양하여 키웠다면 마찬가지로 성견을 입양하여 키우는 것을 추천합니다.

: 이전에 키우던 반려견과 같은 품종의 반려견을 입양할지, 다른 품종도 상관이 없는지 :

반려견들은 서로 다른 견종으로 분류되는 조금은 특별한(?!) 동물입니다. 견종마다 고유한 기질과 행동 양식 등을 지니고 있는데 이를 고려하지 않고, 단순히 외적인 요소에만 이끌려서 입양한다면 반려견과 함께 사는 생활이 그리 순탄치만은 않을 것입니다.

요즘은 서로 다른 견종의 유전자가 혼합된 믹스견(잡종견)도 아주 많은데, 어떤 견종들 사이에서 태어났는지 알아보는 것도 중요합니다. 모견과 부견이 어떤 견종이었는지 알 수 있다면, 앞으로 입양할 반려견의 성향과 행동 특성을 이해할 수 있습니다. 이를 바탕으로 반려견을 앞으로 어떻게 키울지, 어떻게 놀아주어야 할지, 어떻게 교육해야 할지 방향을 정할 수 있습니다. 서로 다른 견종의 특성이 어우러져 태어난 믹스견은 특정 견종이 지니고 있는 유전적 결함(예. 슬개골 탈구, 고관절 이형성증 등)을 보완하기도 한다는 장점이 있습니다.

: 유기견 보호소에 있는 유기견을 입양할지,
어린 자견을 입양할지 :

유기견 보호소에 있는 개들은 대부분 보호자 그리고 가족이 있던 반려견들입니다. 유기견이 되었던 과정 또는 구조되는 과정 등에서 우리가 알지 못하는 트라우마를 겪기도 하고, 입양된 후에도 유기견 때 겪었던 나쁜 경험들을 아주 오랫동안 잊지 못하는 경우도 있습니다. 이를 비롯한 여러 이유로 입양자에게 마음을 열기까지 수개월 또는 수년의 시간이 필요한 반려견들도 있습니다. 어린 강아지의 경우에는 배변 교육 등 신경 써야 하는 부분들이 다르므로, 여러 상황을 잘 고려해서 입양해야 합니다.

: 반려견의 질병 치료 및 교육을 위한
재정적인 여건이 되는지 :

반려견을 키우기 위해서는 사육에 적합한 환경, 보호자의 강한 책임감과 재정적인 요소들이 뒷받침되어야 합니다. 질병에 걸렸을 때 치료는 해줄 수 있을지, 치료를 필요로 한다면 최대 어느 정도까지 비용을 감당할 수 있는지, 입양한 반려견이 행동학적 문제를 일으킨다면 전문가를 통해 교육과 훈련을 할 수 있는지 등을 고려해서 입양해야 합니다.

: 반려견이 세상을 떠난 후,
그 아픔을 치유하기 위한 입양은 아닌지 :

새로 입양한 반려견은 먼저 떠나간 반려견의 빈자리를 채울 수 없습니다. 이전 반려견과는 다르게 새로운 자리를 만들어 가는 존재입니다. 이전의 반려견은 이렇게 행동을 했는데, 이전 반려견보다 애교가 없다, 영리하지 않다, 문제행동을 일으킨다 등 비교를 하기 시작하면 새로 입양한 반려견에게 좋지 않은 감정이 생기기 마련입니다. 보호자의 이런 생각과 행동들은 반려견에게 좋지 않은 영향을 끼칩니다. 진정 나 자신이 원하는 입양인지, 이전의 반려견을 잊기 위한 입양은 아닌지 신중하게 생각을 하고 입양을 해야 합니다.

새로운 반려견을 입양한다는 것. 아주 대단한 일임은 틀림없습니다. 바로 그렇기 때문에 매우 진지하게 생각하고 입양을 해야 합니다. 10년 넘게 내 옆에서 함께 해줄 동반자를 찾는 데에는 아마도 몇 개월의 시간은 필요한 것 같습니다.

ESSAY

그리움 _
잘 지내고 있니?

반려견을 떠나보낸 경험이 있는 사람들의 이야기를 많이 들었지만, 제가 반려견을 떠나보낸 적이 없었을 때는 크게 공감하지 못했습니다. '어떤 경험이든 그것만 한 진실은 없다.'라는 말처럼 저도 제가 겪어보지 않은 일에 대해서는 잘 몰랐던 것이지요.

저는 작년에 처음으로 반려견을 떠나보냈습니다. 자연사가 아닌 예기치 않은 사고로 인한 이별이었습니다. 제가 소식을 듣고 부모님 댁에 도착했을 때는 이미 캄캄한 저녁 시간이었습니다. 가족들과 상의 후 장례는 내일 치르기로 하고, 그날 하루는 집에서 모두 함께 자기로 했습니다. 더는 움직이지 않는 반려견과 하룻밤을 보내는 것은… 정말 이런저런 복잡한 감정이 들었습니다. 매일 같이 마당에서 뛰어놀고, 사료를 우걱우걱 먹어치우고, 공을 물고 와서 던져 달라고 하는 그런 익숙한 존재가 싸늘하게 굳어서 더는 움직이지 않는 모습을 보고 있는 것은 정말 어색하고 당황스러웠습니다.

무엇이 잘못된 것일까, 갑자기 이렇게 가버리다니, 작별 인사를 할 시간도 주지 않고 떠난 반려견이 야속하기만 했습니다. 매일 같이 반려견과 함께 잠을 청하던 어머니가 걱정되기도 했습니다. 반려견과 함께 살아온 시간이 10년이 넘다 보니, 반려견이 없는 집안의 모습이 상상되질 않았습니다.

담담하게, 저는 부모님께 주무시라고 말씀드리고 혼자서 방에 누웠습니다. 불을 끄고 누워있어도 잠이 오지 않았습니다. 처음 반려견을 집으로 데리고 온 날 식구들의 반응, 반려견과 함께 공원에서 원반을 던지고 놀던 기억, 여름에 계곡물에서 물장구를 쳤던 기억, 코를 골며 어머니와 함께 자던 모습, 치료 도우미견 테스트를 받으러 갔던 순간 등 반려견과 함께 했던 순간들이 불 꺼진 방안의 천장 위를 영

ESSAY

화 속의 장면처럼 스쳐 지나갔습니다.

잠들기 전에 한 번 더 반려견의 모습을 보았습니다. 딱딱하게 굳어 있고, 차갑게 식어버린 몸을 쓰다듬으며 눈을 감고 마음을 담아 반려견에게 이야기를 건넸습니다. 왜 이렇게 갑자기 떠났냐는 원망, 잘 해주지 못한 데서 오는 미안함보다는 저는 고마운 마음이 더 컸습니다. '내게 와줘서, 그리고 나와 함께 해줘서 고마웠어.'라고 말하며 반려견을 어루만지니 마음이 한결 편해졌습니다. 사실 어떻게 보면 잠을 이루지 못하는 저 자신의 마음을 달래고자 그랬을지도 모르겠습니다.

불을 끄고 누워서 핸드폰에 있는 반려견의 사진을 보다가, 핸드폰의 메모장을 빌려 반려견에게 편지를 썼습니다. 눈물이 흘러서 몇 번이고 일어나 세수를 하고 코를 풀면서 편지를 썼습니다. 지금 보면 약간은 유치하고 웃음도 나옵니다. 하지만 떠나간 반려견이 생각나서 이 편지를 꺼내볼 때마다 반려견에게 너무나 고마웠던 순간들이 떠오르는 것은 사실입니다. 저에게 그랬듯 이 편지를 읽는 당신에게도 반려견과 함께했던 고맙고 행복했던 순간이 떠오르길 바랍니다.

초코야 안녕!

하늘나라에서 잘 지내고 있지? 네가 떠난 지도 어느덧 100일이나 지났네. 형은 하루하루 바쁘게 살고 있어. 여기는 날씨가 이제 제법 추워져서 길가에 산책 나온 개들이 옷을 입고 나오는 계절이 되었단다. 초코 너는 털이 짧아서 겨울이면 꼭 니트 소재로 된 따뜻한 옷을 입었었는데……. 옷을 입고 횡단보도를 건널 땐 그 익살스러운 모습에 사람들이 웃으면서 지나가곤 했었잖아. 가끔 길을 걷다가 너와 같은 보스턴테리어 강아지를 우연히 마주칠 때면 나도 모르게 눈길이 한 번 더 가곤 하더라.

좀 더 오래 우리 가족 곁에 있어 줄 것으로 생각했어. 그런데 그렇게 어느 날 갑자기 우리 곁을 떠나버려서 난 아직도 실감이 안 날 때도 있고 그래. 정말 난 네가 16살 정도까지는 살 줄 알았거든. 그만큼 건강하고 힘이 넘치던 너였잖아.

네가 떠나가고 나서 내가 가장 걱정되었던 건 어머니였어. 네가 나보다 더 좋아하고 따르던 사람이 어머니였잖아. 어머니도 너를 가장 사랑해준 사람이었고. 그래서 난 어머니를 많이 걱정했지. 많이 힘들어하실 것 같아서 말이야. 네가 떠나고 며칠이 지나고 나

ESSAY

서 저녁 시간에 어머니에게 전화했는데, 어머니는 그날 오후에 너의 무덤에 가서 간식을 주고 왔다고 하셨어. 네 생각이 나서 너무 힘들다고, 울먹이며 전화를 끊으셨단다.

네가 떠난 날 나는 화장을 하자고 했지만, 어머니는 집 앞에 너를 묻어주자고 하셨어. 그래야 가끔 생각날 때마다 네 무덤에 가서 간식도 주고 할 수 있다면서. 그러면서도 어머니는 막상 널 떠나보내던 날에는 곁에 계시지 못했어. 많이 힘드셨던 것 같아. 지금은 많이 나아져서 가끔 너를 보러 가시지? 어머니가 준 간식은 맛있게 먹고 있니?

어머니와 가끔 통화를 해도, 네 이야기는 할 수 없네. 어머니도 먼저 이야기를 꺼내지 않으셔. 아마 나처럼 널 떠올리면 슬퍼지니까 그러시는 것이겠지. 참 아이러니하다. 네 이야기를 하면 웃음이 나고 미소가 지어지던 시절이 있었는데, 이젠 네가 없으니까 너의 이야기를 하지 않게 되네. 초코 네가 섭섭해할 것 같다. 지금은 그렇지만 시간이 좀 더 지나면 웃으면서 네 이야기를 할게. 아직은 시간이 더 필요한 것 같아.

참, 퀠리는 서울에서 잘 지내고 있어. 그리고 토리라고, 유기견

4

보호소에서 강아지를 한 마리 입양했어. 토리는 3개월의 어린 나이에 주인에게서 버려져 보호소에 오게 된 아이인데, 너의 익살스러운 모습을 많이 닮았어. 같이 있으면 기분이 좋아지고 시간이 어떻게 가는지 모를 정도로 재미있단다. 초코 네가 좀 서운해 할 것 같아서 토리 이야기는 그만 해야겠다.

그리고 네가 하늘나라로 가기 한 달 전에 내가 한 아이의 아빠가 되었던 일 기억나니? 아기가 아장아장 걷게 될 때쯤이면, 너와 함께 시골 오솔길에서 산책도 하고, 가을에는 같이 밤도 주우려고 했는데, 그렇게 할 수 없는 현실이 너무 안타깝다. 넌 어린 아이들에게 친절한 아이였잖아. 조만간 찾아갈게, 초코야. 그때는 아기도 같이 갈게. 나중에 아기가 크면, 초코 너에 대해서 많이 이야기 해 줄 거야. 너는 12년 동안 우리 가족 중에 단연 최고였다고!

초코야, 그곳에서는 아프지 말고 늘 건강하고 마음껏 뛰어놀길 바랄게. 오늘은 핸드폰 안에 저장되어 있는 너의 옛 사진들을 보면서 자야겠다. 편지는 여기서 이만 줄일게, 그리고 조만간 찾아갈게. 그때 보자, 초코야.

안녕!
정말 오랜만이에요!

    매일 같이 당신과 함께 하루하루를 보내다가 이렇게 떨어져서 지내니 처음엔 적응이 잘 안 되더라고요. 시간이 지날수록 익숙해지고 있어요. 내가 떠나있는 동안 집안에는 별일 없죠? 엄마, 아빠 건강은 어때요? 내가 떠나고 나서 엄마가 많이 힘들어했다는 소식은 알고 있어요. 그래서 저도 많이 힘들었어요.

    물론 당신 생각이 가장 많이 났어요. 우린 많은 시간을 함께했었던 최고의 친구이자 동반자였으니까요. 당신도 그렇게 생각하고 있죠? 내가 집에 처음 온 날을 기억하나요? 그날은 여느 때와 같이 보호소 한편에서 하루를 시작했는데, 아침 일찍부터 당신이 보호소에 찾아왔었잖아요. 보호소에는 다른 친구들도 많았는데, 당신은 나를 보며 활짝 웃었고, 난 비로소 가족을 만나게 되었죠. 가족이 생겼다는 사실이 너무나 설레고, 내가 집에 도착하자마자 반겨

주던 가족들의 모습이 아직도 눈에 선해요. 당신은 내가 집 여기저기 구석구석 구경할 수 있도록 해주었고, 엄마는 그런 나의 모습이 귀여웠는지 간식을 챙겨줬죠. 내가 화분을 깰까 봐 근심 어린 눈빛으로 날 바라보던 아빠 모습도 생각이 나요. 오랜 시간이 지났는데도 그날의 기억은 너무나도 생생하네요.

화목한 가족과 따뜻한 집, 그리고 맛있는 음식, 제게는 더없이 행복한 나날이었어요. 지금 지내고 있는 이곳도 나쁘진 않아요. 내가 좋아하는 공놀이와 수건 당기기 놀이 등을 마음껏 할 수 있답니다. 그래도 당신이 있는 집이 최고이긴 해요…….

당신과 함께했던 시간이 너무나 빨리 지나간 것 같아요. 함께 여행을 갔던 날들도 좋았지만 집에서 소소하게 보내던 일상들도 난 정말 좋았어요. 밤에는 같은 공간에서 잠을 자고, 한적한 공원을 같이 거닐고, 맛있는 음식을 함께 먹었던 시간 말이에요.

물론 섭섭한 것도 있어요. 그거 알아요? 당신이 출근하고 나면 당신이 돌아올 때까지 난 너무나 외로웠어요. TV나 라디오에서 흘러나오는 음악 소리, 목소리를 들으며 외로움을 달래곤 했었지만, 그 무엇보다 나는 늘 당신이 집에 빨리 오기만을 기다렸답니다.

그만큼 내게는 당신이 소중했기 때문이에요. 집에 올 때가 되었는데, 당신이 오지 않는 날이면 나는 귀를 쫑긋 세운 채 현관 밖의 소리에 집중했죠. 사람의 인기척이 들리는데 당신이 아닌 다른 사람이란 것을 알았을 때의 허탈함이란……. 당신이길 기대했다가 실망했다가, 몇 번 그러고 나서도 당신이 들어오지 않으면 걱정되고 너무 보고 싶어서 슬프기까지 했어요. 요즘에는 일찍 들어가죠? 다른 친구들이 집에서 기다리고 있잖아요.

전 여기서 지내면서 몇몇 친구들을 사귀었어요. 그 친구들과 이야기해보니 다들 이곳에 온 사연이 다 다르더라고요. 몰티즈 뿌꾸는 가족과 함께 17년을 살다가 병에 걸려 병원에서 이곳으로 왔고, 푸들 미미는 갑작스러운 사고로 어린 나이에 이곳으로 오게 되었다고 하더라고요.

그 친구들에 비해 난 정말 행복하게 살다가 온 거였어요. 내가 무지개다리를 건너던 날까지도 가족들을 볼 수 있었으니까요. 다만, 눈을 감기 전에 가족들이 많이 슬퍼하던 모습이 아직도 눈에 아른거려요. 지금도 울고 있는 것은 아니죠? 난 가족들이 나 때문에 너무 힘들어하지 않았으면 좋겠어요. 나의 동반자로서 매 순간 최선을 다해 주었잖아요. 나도 당신의 반려견으로서, 친구로서, 가족으로서 최선을 다해 하루하루를 보냈답니다. 그게 나를 선택한 당신에게 내가 할 수 있는 보답이기도 했어요. 당신을 만난 것은 내 삶에 있어서 최고의 행운이었답니다. 그동안 너무나 고마웠어요. 정말 행복했어요. 그리고 너무 슬퍼하지 말아요. 우린 언젠가 다시 만날 테니까 말이에요. 기다리고 있을게요. 마중하러 갈 테니까, 그때 꼭 안아주세요.